BUSHIDO

El espíritu de Japón

Un ensayo clásico sobre la ética del samurái

INAZŌ NITOBE

Primera edición: septiembre de 2010
Primera reimpresión: octubre de 2018
Cuarta reimpresion: julio de 2024

Título original: *Bushido. The Soul of Japan*
Editado originalmente en 1900 por The Leeds & Biddle, Co. (Filadelfia) y Shokabo (Tokio)
La presente edición está basada en la décima edición original, revisada, publicada en 1905

Traducción: Antonio Carrillo

Diseño de cubierta: Kodansha Internacional

De la presente edición en castellano:
© Distribuciones Alfaomega S.L., Dojo Ediciones, 2010
Alquimia, 6
28933 Móstoles (Madrid) - España
Tels.: 91 614 53 46 - 91 614 58 49
E-mail: grupogaia@grupogaia.es - www.grupogaia.es

Depósito Legal: M. 28.958-2010
I.S.B.N.: 978-84-937845-0-8

Impreso en España por: Artes Gráficas COFÁS, S. A. - Móstoles (Madrid)

Cualquier forma de reproducción, distribución, comunicación pública o transformación de esta obra solo puede ser realizada con la autorización de sus titulares, salvo excepción prevista por la ley. Diríjase a CEDRO (Centro Español de Derechos Reprográficos, www.cedro.org) si necesita fotocopiar o escanear algún fragmento de esta obra.

ÍNDICE

Nota editorial 11
Prefacio a la primera edición 17
Prefacio a la décima edición revisada 21
Introducción 23

Bushido. El espíritu de Japón

Capítulo I   El bushido como sistema ético 31
Capítulo II   Las fuentes del bushido 37
Capítulo III   La rectitud o la justicia 45
Capítulo IV   El coraje, el espíritu de la audacia y la entereza... 49
Capítulo V   La benevolencia, el sentimiento de consternación... 55
Capítulo VI   La cortesía 63
Capítulo VII   La veracidad y la sinceridad 71
Capítulo VIII   El honor 77
Capítulo IX   El deber de la lealtad 83
Capítulo X   La educación y el entrenamiento del samurái ... 91
Capítulo XI   El autocontrol 97
Capítulo XII   Las instituciones del suicidio y de la reparación de ofensas 103
Capítulo XIII   La espada, el alma del samurái 117
Capítulo XIV   El entrenamiento y la posición de la mujer 121
Capítulo XV   La influencia del bushido 133
Capítulo XVI   ¿Está vivo aún el bushido? 139
Capítulo XVII El futuro del bushido 149

Inazō Nitobe y su esposa Mary en la recepción celebrada en su casa de Kobinata, Tokio, después de la boda de su hijo.

Esta foto, tomada en Nueva York,
se usó para un sello conmemorativo.

En su oficina de Ginebra, en torno a 1925, cuando prestaba
sus servicios como subsecretario general de la Sociedad de Naciones.

NOTA EDITORIAL

Cuando Japón estaba en plena transformación, pasando de ser una sociedad feudal aislada a una nación moderna, Inazō Nitobe (1862-1933), un educador japonés, se interrogó sobre la ética de su pueblo y sobre su historia, dando a luz esta fecunda obra que le convirtió en el autor japonés más conocido en Occidente durante su vida, y a *Bushido*, en una de las obras más destacadas sobre la ancestral cultura japonesa.

Bushido es desde hace tiempo un libro clásico e insustituible para conocer lo que se escondía (y aun hoy se esconde para muchas personas) en el trasfondo del alma y la filosofía de Japón, por lo que numerosas generaciones de eruditos y profanos se han acercado a él para entender al pueblo japonés, habiendo encontrando en sus páginas un campo excepcional de conocimiento.

En la tradición japonesa, *Bushido* tiene el significado de «el camino del guerrero», y era un código ético preciso y estricto, no escrito, que, respetado por los nobles, impregnaba tanto a la sociedad feudal japonesa como a la filosofía por la que muchos samuráis combatían y entregaban sus vidas.

Está basado en cinco fuentes principales —filosóficas más que de carácter religioso—, como son el taoísmo, el confucianismo, el budismo, el zen y el shintoísmo, extendidas en el Japón medieval y que, en relación al código moral, ensalzan las virtudes de la rectitud, del coraje, de la benevolencia, del respeto, de la honestidad, del honor y de la lealtad, junto con la aceptación de la muerte como una realidad ineludible, la armonía con el todo, la pureza de lo innato, el amor y la justicia, entre otras.

Y es a Inazō Nitobe a quien le cupo la extraordinaria labor de recopilar «el camino del guerrero» y de darlo a conocer tanto en Japón como, principalmente, en el mundo occidental. ¿Cómo pudo Nitobe llegar a escribir *Bushido*? ¿Cómo ha sido posible la aceptación y la fama de esta obra en todo el mundo? Quizá porque proporciona una interpretación moderna y accesible al mundo occidental de las raíces históricas y culturales de la tradición japonesa, que sólo pueden apreciarse en su totalidad si se llega a entrar conscientemente en sus verdaderos orígenes, lo que hasta principios del siglo XX era un campo ciertamente desconocido para la inmensa mayoría de la población occidental.

Nitobe describe arquetipos ideales dentro de los valores morales del samurái y nos presenta un paradigma histórico que sin duda tiene su continuidad en las virtudes o los valores de la sociedad japonesa actual, como son la cortesía, la benevolencia, el respeto, el honor, la estabilidad, el control, etc.

Nacido en un clan de samuráis, Nitobe nació en 1862 en Morioka (Japón) y recibió enseñanzas de artes marciales siguiendo los pasos de su padre y de su abuelo, pertenecientes al clan Nambu. Estudió en la Escuela de Agricultura de Sapporo (1877), donde recibió la influencia del cristianismo, y en Tokyo se interesó por el estudio de las relaciones internacionales. Un paso trascendente en su vida fue su traslado a Estados Unidos, donde estudió en la Universidad Johns Hopkins (1884-1887), uniéndose en este período a la Sociedad de Amigos (cuáqueros), a la que perteneció durante toda su vida, llegando a casarse con la cuáquera norteamericana Mary Elkinton.

Posteriormente se trasladó a estudiar a Alemania (1887-1890), donde obtuvo el doctorado en Economía Agraria; y posteriormente, tras regresar a Japón, impartió enseñanza en su conocida Escuela Agrícola de Sapporo, siendo reclamado posteriormente para impartir enseñanza en distintas universidades de Japón (Universidad Imperial de Kioto, Escuela Superior N.º 1, Universidad Tsuda College, Universidad Takushoku, Universidad Cristiana de Tokio), acabando como catedrático en la Universidad Imperial de Tokio (1913-1919).

Debido a su prestigio y experiencia internacional, Nitobe trabajó como subsecretario general de la Sociedad de Naciones (1920-1926), sirvió como miembro de la Cámara de Pares (1926-33) y fue el presidente japonés del Instituto para las Relaciones en el Pacífico (IPR) (1929-1933), una organización que fue creada para mejorar las relaciones entre los países bañados por el Pacífico.

Bushido fue originalmente escrito en inglés (la mayor parte durante la estancia de Nitobe en Estados Unidos, tras haber padecido en Japón una severa depresión nerviosa) y apareció en las librerías norteamericanas a principios de 1900, convirtiéndose en un *best-seller* tras el interés popular generado como consecuencia de la guerra ruso-japonesa (1904-1905), y posteriormente apareció en Japón editándose nueve reimpresiones entre 1903 y 1909, realizándose posteriormente varias y distintas traducciones al japonés, una del propio Nitobe, que no dejó de ser controvertida.

Desde entonces *Bushido* ha sido una de las obras más traducidas en todo el mundo; desde luego, ha sido traducido a todas las lenguas más importantes, sin excepción. Y ello no sólo porque *Bushido* nos introduce en el código ético del camino del guerrero, sino porque proporciona, como se ha mencionado, una interpretación moderna de las raíces históricas y culturales de esta tradición.

Ese camino,
en la montaña, en la cual quien está
tiende a dudar si es realmente un camino,
mientras que si lo ve desde la tierra baldía
sigue la línea, claramente, desde la base hasta la cumbre,
¡nada vaga, confundible! ¿Qué son una o dos grietas
vistas desde el desierto intacto a ambos lados?
Entonces (para introducir filosofía fresca)
¿y si las propias grietas hubieran de probar al final
la más consumada de las estratagemas
para entrenar al ojo de un hombre y
enseñarle qué es la fe?

ROBERT BROWNING
Apología del obispo Blougram

Hay, si se me permite decirlo así, tres poderosos espíritus, los cuales de vez en cuando, se han movido en la superficie de las aguas y han dado un impulso predominante a los sentimientos y energías morales de la humanidad. Éstos son los espíritus de la libertad, la religión y el honor.

HALLAM
Europa en la Edad Media

La caballería es en sí misma la poesía de la vida.

SCHLEGEL
Filosofía de la Historia

PREFACIO
A LA PRIMERA EDICIÓN

Hace unos diez años, mientras pasaba unos días bajo el hospitalario techo de un distinguido jurista belga, el difunto M. de Laveleye, durante uno de nuestros paseos, la conversación que manteníamos dio un giro hacia el tema de la religión. «¿Quiere decir —me preguntó el venerable profesor— que no imparten ustedes instrucción religiosa en las escuelas?» Al contestarle que no, él se detuvo de repente, atónito, y con una voz que no podré olvidar fácilmente repitió: «¡No hay religión! ¿Y cómo imparten entonces la educación moral?». Esta pregunta me dejó anonadado en aquel momento. No pude darle una respuesta concreta, ya que los preceptos morales que aprendí en mi infancia no se impartían en las escuelas; y hasta que no me puse a analizar los diferentes elementos que formaban mis nociones del bien y del mal, no me di cuenta de que era el bushido el que me las inspiraba.

La idea primera de empezar a escribir este pequeño libro partió de las frecuentes preguntas de mi esposa, por ejemplo, sobre por qué esta o aquella costumbre predominaba en Japón.

En mis intentos de dar respuestas satisfactorias a M. de Laveleye y a mi esposa, me di cuenta de que sin comprender el feudalismo y el bushido, las ideas morales del Japón actual serían como un libro cerrado.

Aprovechando un periodo de inactividad impuesta debido a una larga enfermedad, escribí, en el orden que ahora presento al público, algunas de las respuestas dadas en nuestras conversaciones domésticas. Consisten principalmente en lo que me enseñaron y contaron en mis días de juventud, cuando el feudalismo aún estaba vigente.

Resulta ciertamente descorazonador ponerse a escribir cualquier cosa sobre Japón en inglés ante la presencia de eminencias como Lafcadio Hearn y la señora Hugh Fraser, por un lado, y Sir Ernest Satow y el catedrático Chamberlain, por el otro. La única ventaja, quizá, sobre ellos es que puedo asumir la actitud de acusado, mientras que esos distinguidos autores son, a lo sumo, fiscales o abogados. Muchas veces he pensado: «Si gozara de su don de lengua, presentaría la causa de Japón en términos más elocuentes». Pero alguien que habla una lengua prestada debería dar gracias si al menos es capaz de hacerse entender.

He procurado ilustrar mi exposición con ejemplos que supongan un paralelismo en la historia y la literatura europeas, con objeto de acercar el contenido y facilitar la comprensión a los lectores extranjeros.

Aunque alguna de mis alusiones a la religión y a trabajadores religiosos pudiera considerarse un desaire, confío en que no se ponga en duda mi actitud hacia el cristianismo en sí. Me refiero más bien a los métodos eclesiásticos y a las actitudes que oscurecen las enseñanzas de Cristo —y no a las enseñanzas en sí mismas—, por las que no siento gran simpatía. Creo en la religión enseñada por Él y en la que nos hizo llegar a través del Nuevo Testamento, así como en las leyes escritas en el corazón. Además, creo que Dios hizo un testamento que puede denominarse «antiguo» con cada pueblo y con cada nación, gentil o judío, cristiano o pagano. En cuanto al resto de mi teología, no deseo abusar de la paciencia del lector.

Para terminar este prefacio, quiero expresar mi agradecimiento a mi amiga Anna C. Hartshorne por sus numerosas y valiosas sugerencias.

INAZŌ NITOBE
Malvern, Filadelfia, duodécimo mes, 1899

PREFACIO A LA DÉCIMA EDICIÓN REVISADA

Desde su primera publicación en Filadelfia, hace más de seis años, este pequeño libro ha vivido una historia inesperada. La reimpresión japonesa tuvo ocho ediciones; la actual, por tanto, es la décima edición en lengua inglesa. Simultáneamente la editorial de los hijos de George H. Putnam, de Nueva York, publicará una edición norteamericana e inglesa.

Entre tanto, *Bushido* ha sido traducido al marathi por el señor Dev de Khandesh, al alemán por la señorita Kaufmann de Hamburgo, al bohemio por el señor Flora de Chicago, al polaco por la Sociedad de Ciencia y Vida de Lemberg —aunque esta edición polaca fue censurada por el gobierno ruso—. Ahora se está traduciendo al noruego y al francés. Se está considerando una traducción al chino. Un oficial ruso, que ahora está prisionero en Japón, tiene un manuscrito en ruso listo para la imprenta. Se ha presentado ya una parte de la obra al público húngaro, y en japonés se ha publicado una crítica detallada, que casi equivale a un análisis. Mi amigo el señor H. Sakurai, a quien también agradezco su ayuda en otros terrenos, ha recopilado abundantes notas eruditas como apoyo a jóvenes estudiantes.

Me he sentido más que complacido al ver que mi humilde obra ha encontrado aceptación entre lectores pertenecientes a ámbitos muy distintos, lo cual demuestra que la materia en sí suscita cierto interés en el mundo, en general. Me resulta sumamente halagadora la noticia, que me ha llegado de fuentes oficiales, de que el presidente Roosevelt me ha hecho el inmerecido honor de leer esta obra y distribuir varias docenas de copias entre sus amigos.

Respecto a enmiendas y añadidos para la presente edición, me he limitado en gran parte a ejemplos concretos. Aún sigo lamentando, y ciertamente nunca dejaré de hacerlo, mi incapacidad para añadir un capítulo sobre la piedad filial, considerada una de las dos ruedas del carro —la otra es la lealtad— de la ética japonesa. Esta incapacidad se debe más bien a mi ignorancia sobre el sentimiento occidental ante esta virtud en particular, más que a la ignorancia sobre nuestra propia actitud hacia ella, por lo que no puedo realizar comparaciones que me parezcan satisfactorias. Espero ser capaz algún día de explayarme en este y otros temas. Todas las materias de las que se trata en estas páginas pueden ser objeto de aclaración y discusión; pero no veo ahora claro cómo podría ampliar esta obrita más de lo que ya está.

Este prefacio estaría incompleto y sería injusto si omitiera la deuda que tengo con mi esposa por su lectura de las pruebas de imprenta, por sus útiles sugerencias y sobre todo por sus constantes ánimos.

I. N.
Kioto
Día veintidós del quinto mes, 1905

INTRODUCCIÓN

A petición de sus editores, a los que el doctor Nitobe ha dejado cierta libertad de acción en lo referente a la introducción, estoy encantado de ofrecer unas palabras a esta nueva edición de *Bushido*, para los lectores de inglés. Conozco a su autor desde hace más de quince años, pero con la materia de la que trata estoy familiarizado, en cierta medida al menos, desde hace cuarenta y cinco años.

En 1860, en Filadelfia (donde en 1847 presencié la botadura del *Susquehanna*, el buque insignia del comodoro Perry), vi por vez primera a un japonés y me encontré con miembros de la embajada de Yedo. Quedé muy impresionado con aquellos forasteros, para quienes el bushido era un código vivo de ideales y buenas maneras. Más tarde, durante los tres años que pasé en el Rutgers College de New Brunswick (Nueva Jersey), me relacioné con muchos jóvenes nipones, a los que enseñaba o conocía como compañeros de clase. Me di cuenta de que el bushido, sobre el que hablábamos a menudo, era algo tremendamente atractivo. Como se ponía de manifiesto en las vidas de estos futuros gobernadores, diplomáticos, almirantes, educadores y banqueros (sí, incluso en las horas de agonía de más de uno que «se quedó dormido» en el cementerio Willow Grove), el perfume de esta fragante flor del lejano Japón resultaba muy dulce. Nunca olvidaré la respuesta del samurái agonizante, Kusakabe, cuando fue invitado a prestar el más noble servicio y a la mayor de las esperanzas: «Incluso si pudiera conocer a su maestro, Jesús, yo no debería ofrecerle sólo los desechos de una vida». Así, «en las riberas del antiguo río Raritan», vestidos informalmente, entre chistes en torno a la mesa a la hora de la cena, cuando contrastábamos experiencias japonesas y yanquis, y discutíamos sobre ética e ideales, deseaba hacer mía la «respuesta misionera encubierta», sobre la que escribió una vez mi amigo Charles Dudley Warner. En algunos aspectos, los códigos éticos y los modales diferían, pero sólo en cuestiones tangenciales. Como escribió un poeta suyo —¿fue hace mil años?— cuando al cruzar un páramo las flores cargadas de rocío rozaron su túnica y dejaron sus gotas relucientes sobre su brocado: «Por su perfume, no limpiaré esta humedad de mi manga». Me alegró realmente el hecho de salirme del surco marcado, ya que, como suele decirse, los surcos se diferencian de las tumbas sólo por su longitud. Pues ¿acaso no es la comparación lo que da vida a la ciencia y a la cultura? ¿No es cierto que, en el estudio de los idiomas, de la ética, de las religiones y de los códigos de buenas maneras «aquel que sólo conoce uno no conoce ninguno»?

En 1870, cuando me trasladé a Japón como educador pionero para introducir los métodos y el espíritu del sistema público escolar norteamericano, fue para mí un placer dejar la capital y, en Fukui, en la provincia de Echizen, ver ¡feudalismo puro plenamente vigente! Allí vi el bushido no como algo exótico, sino en su hábitat natural. En la vida cotidiana me di cuenta de que el bushido, con su cha-no-yu, jō-jutsu («jiu-jitsu»), el *hara-kiri*, las postraciones de cortesía sobre las esterillas y las genuflexiones en la calle, las reglas de la espada y el camino, todos los saludos pausados y paradigmas refinadísimos en la forma de hablar, los cánones del arte y de la conducta, así como el heroísmo para la esposa, la doncella y el niño, conformaban el credo universal y la praxis de toda la pequeña nobleza de la ciudad encastillada y de la provincia. En ella, a modo de escuela viva de pensamiento y vida, se entrenaba de igual manera al niño y a la niña. Vi lo que el doctor Nitobe recibió como herencia, lo que había respirado y sobre lo que escribe con tanta elegancia y fuerza, con tanta comprensión, perspicacia y amplitud de miras. El feudalismo japonés «murió sin la visión» de su exponente más capaz, su defensor más convincente. Para él es una bocanada de aire perfumado. Para mí fue «la planta y la flor de la luz».

Por ello, el hecho de haber vivido bajo el feudalismo, base del bushido, y haber estado presente en el momento de su muerte, hace que pueda dar testimonio de la verdad esencial de las descripciones del doctor Nitobe, en toda su extensión, y de la fidelidad de su análisis y generalizaciones. Él ha sabido retratar con maestría y reproducido el colorido del cuadro que reflejan tan gloriosamente mil años de literatura japonesa. El Código del Caballero fue evolucionando y desarrollándose durante todo un milenio y nuestro autor destaca con amor las flores que han iluminado como estrellas el sendero utilizado por millones de almas nobles, sus paisanos.

El estudio crítico sobre esta materia no ha hecho otra cosa que aumentar mi convicción de la fuerza y el valor que el bushido tiene para la nación. Quien desee entender el Japón del siglo XX habrá de conocer su raigambre histórica. Aunque ahora resulte tan invisible para la generación actual de Japón como para el forastero, el estudiante de filosofía lee los resultados del hoy en las energías almacenadas de épocas pasadas. De los rayos de sol de épocas no documentadas han surgido los fundamentos de los que el Japón actual saca su fuerza de choque para la guerra o para la paz. Todos los aspectos espirituales viven gracias a lo que han mamado del bushido. El terrón cristalino se ha disuelto en una taza endulzada, pero la delicadeza del sabor permanece viva. En definitiva, el bushido ha obedecido a la ley superior enunciada por Uno a quien su propio exponente saluda y confiesa a su Maestro: «Si el grano de trigo no cae en la tierra y muere, queda solo; pero si muere, produce mucho fruto*».

¿Ha idealizado el doctor Nitobe el bushido? Preguntemos más bien cómo podría haberlo evitado. Él se «acusa» a sí mismo de ello. En todos los credos, cultos y sistemas, mientras que el ideal se desarrolla, varían aquellas manifestaciones que lo ejemplifican. La ley es la acumulación gradual y la lenta consecución de la armonía. El bushido nunca alcanzó una meta. Estaba demasiado vivo y murió finalmente en su momento de esplendor y de fuerza. El enfrentamiento del movimiento mundial —pues así llamamos a la ráfaga de influencias y sucesos que siguieron a Perry y Harris— con el feudalismo en Japón no encontró en el bushido una momia embalsamada, sino un espíritu vivo. Lo que encontró en realidad fue el espíritu acelerado de la humanidad. Así «el inferior es bendecido por su superior**». Sin perder lo mejor de su propia historia y civilización, Japón, siguiendo sus propios y nobles precedentes, adoptó primero y luego adaptó lo más selecto que podía ofrecer el mundo. Por ello, su oportunidad de bendecir a Asia y a sus pueblos fue única, y en ello se involucró de lleno («en tiempos difusos lo hiciera con más intensidad») ***. Hoy día, no sólo está en nuestros jardines, nuestro arte, nuestras casas adornadas con flores, los cuadros y los bellos objetos japoneses, ya sean «nimiedades efímeras o triunfos eternos», sino que también en la educación física, en la higiene pública, en las lecciones de guerra y paz, Japón ha venido a visitarnos con las manos llenas de regalos.

Nuestro autor nos enseña no sólo mediante su discurso como

---

* Juan 12, 24. *(N. del T.)*
** Hebreos 7, 7. *(N. del T.)*
*** *O May I Join the Choir Invisible* (1867), de George Eliot. *(N. del T.)*

abogado defensor, sino también como profeta y prudente dueño de su hogar, rico en cosas antiguas y modernas. Nadie en Japón ha sido capaz de unir los preceptos y la práctica de su propio bushido con más armonía en su vida y su duro trabajo, en su esfuerzo y su profesión, en su oficio de mano y pluma, en la cultura de la tierra y del espíritu. Iluminador del pasado de Dai Nippon*, el doctor Nitobe es un verdadero constructor del Nuevo Japón. Tanto en Formosa, la nueva adición del imperio, como en Kioto, es un erudito y un hombre práctico, que se siente cómodo tanto con los últimos avances científicos como entre los asuntos que requieran la diligencia más ancestral.

Este librito sobre bushido es más que un mensaje de peso a las naciones anglosajonas. Es una notable contribución a la solución del problema más grande de este siglo: la reconciliación y la unidad de Oriente y Occidente. A lo largo de la historia siempre han existido muchas civilizaciones distintas; pero en el mundo mejor que se aproxima habrá una. Los términos *Oriente* y *Occidente,* con toda su carga de ignorancia e insolencia, pronto desaparecerán. Japón, a medio camino entre la sabiduría y el comunismo de Asia y la energía y el individualismo de Europa y América, ya trabaja con ahínco.

El doctor Nitobe, instruido tanto en lo antiguo como en lo moderno y formado en las literaturas del mundo, se muestra aquí admirablemente preparado para tan atractiva tarea. Es el intérprete y conciliador perfecto. No necesita disculparse, y no lo hace por su propia actitud hacia el Maestro, a quien ha seguido lealmente durante mucho tiempo. ¿Qué erudito, familiarizado con los caminos del Espíritu y con la historia de la raza humana tal y como la ha dirigido el Amigo Infinito del hombre, no puede sino señalar diferencias entre las enseñanzas del fundador, o los documentos originales, y los añadidos o adiciones étnicas, racionalistas y eclesiásticas? La doctrina

---

* Gran Sociedad Japonesa de las Virtudes Marciales, fundada en 1895. (N. del T.)

de los testamentos, mencionada en el prefacio del autor, es la enseñanza de Él, que «no vino a abolir, sino a dar cumplimiento*». Incluso en Japón, el cristianismo, desprovisto de su molde y fundamento extranjeros, dejará de ser algo exótico y arraigará profundamente en la tierra sobre la que creció el bushido. Despojado asimismo de su envoltorio y de sus normas extranjeras, la iglesia del Fundador será algo tan autóctono como el aire.

WILLIAM ELLIOT GRIFFIS
Ithaca
Mayo, 1905

---

* Mateo 5,17. *(N. del T.)*

BUSHIDO
El espíritu de Japón

Inazō Nitobe

CAPÍTULO I

EL BUSHIDO COMO SISTEMA ÉTICO

La caballería no es una flor menos autóctona de Japón que su emblema, la flor del cerezo; ni el ejemplar disecado de una virtud antigua conservado en el herbario de nuestra historia. Es todavía un objeto vivo, lleno de energía y belleza entre nosotros; y aunque no adopte forma tangible, no por ello perfuma menos la atmósfera moral, haciéndonos conscientes de que aún nos encontramos bajo su poderoso hechizo. Las condiciones de la sociedad que la crearon y la nutrieron hace tiempo que desaparecieron; pero al igual que esas lejanas estrellas que una vez existieron y ya no existen, aún continúa proyectando sus rayos sobre nosotros, de modo que la luz de la caballería, que fue un retoño del feudalismo, aún ilumina nuestro sendero moral, sobreviviendo a su institución materna. Es un placer para mí reflexionar sobre esta materia en la lengua de Burke, que expresó el famoso y conmovedor elogio sobre el ataúd abandonado de su prototipo europeo.

Una lamentable falta de información sobre el Lejano Oriente llevó a un especialista tan erudito como el doctor George Miller a afirmar que la caballería —o cualquier otra institución similar— nunca había existido ni entre las naciones de la antigüedad ni entre los pueblos orientales modernos[1]. Tal ignorancia, sin embargo, se puede excusar, en gran parte, ya que la tercera edición de la obra del buen doctor apareció el mismo año en que el comodoro Perry llamaba a las puertas de nuestro exclusivismo. Más de una década después, cuando el feudalismo vivía sus últimos días, Karl Marx, en su obra *El capital*, llamó la atención de sus lectores sobre la ventaja de estudiar las instituciones sociales y políticas del feudalismo, que ya sólo subsistían en Japón. De igual manera me gustaría hacer notar al estudiante occidental de historia y ética el interés del estudio de la caballería en el Japón actual.

Aunque pudiera resultar atractiva una disquisición histórica basada en la comparación entre el feudalismo y la caballería en Europa y en Japón, el objetivo de esta obra es otro. Mi intención es más bien dar a conocer, en primer lugar, el origen y las fuentes de nuestra caballería; en segundo lugar, su carácter y enseñanzas; en tercer lugar, su influencia entre las masas, y en cuarto lugar, la continuidad y permanencia de su influencia. De estos puntos, en el primero apenas me detendré, pues de lo contrario tendría que conducir a mis lectores por los sinuosos caminos de nuestra historia nacional; profundizaré más en el segundo, ya que probablemente resulte de mayor interés para estudiantes de ética internacional y etología comparada, en lo que respecta a nuestras maneras de pensar y actuar. El resto se tratará como corolario.

La palabra japonesa que he traducido como «caballería» resulta más expresiva en su lengua original que la simple idea de «equitación». *Bu-shi-do* significa literalmente «militar-caballero-camino»: el camino que los nobles guerreros debían seguir en su vida cotidiana, así como en el ejercicio de su vocación; en una palabra, los «preceptos del caballero», el *noblesse oblige* de la clase guerrera. Habiendo dado, pues, su

---

[1] *History Philosophically Illustrated* (3.ª ed., 1853), vol. II, pág. 2.

significado literal, me gustaría utilizar a partir de ahora la palabra original. El uso del término en japonés es aconsejable también por tratarse de una enseñanza tan concreta y única, que engendra un molde mental y de personalidad tan característico, tan local, que ha de llevar la insignia de su singularidad en el rostro; así, algunas palabras poseen un timbre nacional que identifica de tal manera las características raciales que el mejor traductor apenas le haría justicia, por no hablar de clara injusticia o agravio. ¿Quién puede mejorar con la traducción lo que significa el término alemán *Gemüth*, o quién no percibe la diferencia entre dos palabras tan íntimamente ligadas etimológicamente como la inglesa *gentleman* y la francesa *gentilhomme*?

El bushido es, por tanto, el código de principios morales que los caballeros habían de acatar, y en el que se les instruía. No es un código escrito; en el mejor de los casos, consiste en unas cuantas máximas que se transmitían de boca en boca o que procedían de la pluma de algún guerrero o erudito famoso. Lo habitual es que sea un código no expresado ni oralmente ni por escrito, que sin embargo goza de la poderosa autoridad de hechos auténticos, y de una ley escrita sobre las carnales tablas del corazón. No procede de las ideas de un solo cerebro, por muy capaz que éste fuese, ni de la vida de un solo personaje, por muy famoso que fuera. Se constituyó a partir de un desarrollo orgánico de décadas y siglos de carrera militar. Es posible que ocupe la misma posición en la historia de la ética que la Constitución inglesa en la historia de la política; aunque no se pueda comparar en absoluto con la Carta Magna o la ley de hábeas corpus. Es cierto que a principios del siglo XVII se promulgaron los Estatutos Militares *(Buké Hatto)*; pero sus trece breves artículos tenían que ver en su mayor parte con matrimonios, castillos, alianzas, etc., y tocaban sólo por encima las regulaciones didácticas. Por tal razón, no podemos señalar una época y un lugar concretos y afirmar: «Aquí está el origen». Únicamente por el hecho de que toma conciencia de sí mismo durante la época feudal, se puede establecer su origen en el feudalismo. Pero el feudalismo en sí está tejido con muchos y variados hilos, y el bushido comparte también esta intrincada naturaleza. De igual manera que en Inglaterra se puede decir que las instituciones del feudalismo tienen su origen en la conquista normanda, podemos decir que en Japón su auge fue simultáneo a la llegada al poder de Yoritomo, a finales del siglo XII. No obstante, al igual que en Inglaterra encontramos elementos sociales del feudalismo en épocas anteriores a Guillermo el Conquistador, también existieron en Japón gérmenes de feudalismo mucho antes del periodo que he mencionado.

Asimismo, tanto en Japón como en Europa, cuando se instauró formalmente el feudalismo, la clase profesional de los guerreros adquirió prominencia de forma natural. En Japón se les conocía como *samuráis*, lo que literalmente significa, como en inglés antiguo *cniht* (*knight* en inglés moderno), «guardas» o «vigilantes». Su carácter recordaba a los *soldurii*, cuya existencia en Aquitania mencionó César, o a los *comitati*, los cuales, según Tácito, acompañaban a sus jefes germanos; o, por hacer un paralelismo posterior en el tiempo, los *milites medii*, sobre los que podemos leer en la historia de la Europa medieval. Una palabra sino-japonesa, *bu-ké* o *bu-shi* (caballeros guerreros), también se adoptó como de uso común. Constituían una clase privilegiada y debieron de ser originalmente un clan de gente ruda que hizo de la lucha su vocación. Dicha clase fue reclutada, durante un largo periodo de constantes guerras, de entre los más viriles y aventureros; durante ese tiempo, en el proceso de selección, se excluía a los tímidos y los débiles, sobreviviendo así sólo «una raza ruda, muy masculina y de fuerza brutal», en palabras de Emerson, que constituirían las familias y la clase de los samuráis. Como pretendían grandes honores y grandes privilegios, y consecuentemente grandes responsabilidades, pronto se sintieron en la necesidad de establecer un estándar común de comportamiento, ya que su razón de ser era el combate y pertenecían a diferentes clanes. De igual manera en que los médicos limitan la competitividad entre ellos mediante la cortesía profesional, o que los abogados acuden a tribunales de honor en casos de violación del protocolo jurídico, asimismo necesitan los guerreros algún tipo de recurso que garantice una sentencia inapelable frente a cualquier infracción.

¡Juego limpio en el combate! ¡Qué fértiles gérmenes de moralidad subyacen en ese instinto primitivo de la barbarie y de la infancia! ¿Acaso no está ahí la raíz de toda virtud militar y cívica? Sonreímos —como si lo hubiéramos superado con la edad— ante el deseo infantil del pequeño británico Tom Brown «de dejar atrás el nombre de una persona que nunca maltrató a un niño ni le dio la espalda a un mayor». Y, sin embargo, ¿quién ignora que este deseo es la piedra angular sobre la que se construyen estructuras morales de enormes dimensiones? Tal vez no sea tan raro afirmar que la religión más gentil y amante de la paz también persigue tal aspiración. El deseo de Tom es la base sobre la que se fundamenta en gran parte la grandeza de Inglaterra, y no nos llevará mucho descubrir que el bushido se sostiene, de igual modo, sobre un pedestal no menos elevado. Si la guerra en sí misma, sea ofensiva o defensiva, resulta, como declaran acertadamente los cuáqueros, brutal y errónea, podemos además afirmar, siguiendo a Lessing: «Sabemos de qué errores nace nuestra virtud»[2]. «Chivato» y «cobarde» son los epítetos que representan mayor agravio para las naturalezas sanas y simples. La infancia se

---

[2] Ruskin fue uno de los hombres más gentiles y amantes de la paz que haya vivido nunca. No obstante, creía en la guerra con todo el fervor de un adorador de la vida intensa. «Cuando te digo —dice en *Crown of Wild Olive*— que la guerra es el fundamento de todas las artes, quiero decir también que es el fundamento de todas las grandes virtudes y facultades de los hombres. Me resulta muy extraño, y espantoso, descubrir esto, pero he visto que se trata de un hecho bastante innegable... Me he dado cuenta de que, en resumidas cuentas, todas las grandes naciones han aprendido su verdad de palabra y su fortaleza de pensamiento en la guerra; que se nutrían en la guerra y se debilitaban en la paz; que la guerra les enseñaba y la paz les decepcionaba; que la guerra les instruía y la paz les traicionaba; en una palabra, que habían nacido en la guerra y morían en la paz.»

asoma a la vida con estas nociones, y la caballería también; pero a medida que la vida avanza y nuestras relaciones se multiplican, la fe inicial busca la aprobación de una autoridad de mayor nivel y de fuentes más racionales para su propia justificación, satisfacción y desarrollo. Si los sistemas militares hubieran operado solos, sin un apoyo moral superior, ¡cuán lejos de la caballería habría caído el ideal de los caballeros! En Europa, el cristianismo, interpretado mediante ciertas concesiones convenientes a la caballería, le aportó, no obstante, el contenido espiritual. «La religión, la guerra y la gloria fueron las tres almas de un perfecto caballero cristiano», dice Lamartine. En Japón, el bushido tuvo diversas fuentes.

CAPÍTULO II

LAS FUENTES
DEL BUSHIDO

Comenzaré con el budismo. Éste proporcionaba una sensación de apacible confianza en el destino, una serena sumisión ante lo inevitable, estoica compostura ante el peligro o la calamidad, desdén ante la vida y cierta simpatía hacia la muerte. Un maestro muy destacado de esgrima, cuando vio que su alumno dominaba totalmente su arte, le dijo: «A partir de ahora, mi instrucción consistirá en la enseñanza del zen».

El zen es el equivalente japonés de *Dhyâna*, que «representa el esfuerzo humano por alcanzar, mediante la meditación, zonas del pensamiento que se encuentran más allá del ámbito de la expresión verbal»[3]. Su método es la contemplación, y su objetivo, hasta donde yo entiendo, consiste en llegar al convencimiento de que existe un principio que subyace a todos los fenómenos, y, si se puede, de la existencia del Absoluto en sí mismo,

---

[3] Lafcadio Hearn, *Exotics and Retrospectives*, página 84.

y así ponerse en armonía con dicho Absoluto. Definida de esta manera, tal enseñanza va más allá del dogma de una secta, y todo aquel que obtenga la percepción del Absoluto se eleva a sí mismo por encima de las cosas mundanas y despierta «a un nuevo cielo y a una nueva tierra».

Lo que el budismo no logró aportar, lo ofrecía en abundancia el sintoísmo. Las doctrinas del sintoísmo inculcaban una lealtad tal al soberano, una veneración tal al recuerdo de los ancestros y una piedad filial tal que no encuentra parangón en ningún otro credo, infundiendo además pasividad al arrogante carácter de los samuráis. En la teología Shinto no hay lugar para el dogma del «pecado original». Por el contrario, cree en la bondad innata y en la pureza divina del alma humana; la adora como el santuario desde el que se proclaman los oráculos divinos. Como cualquiera puede comprobar, en los templos sintoístas apenas existen objetos e instrumentos de adoración, y la parte esencial de su mobiliario consiste en un espejo sencillo. La presencia de este objeto es fácil de explicar: simboliza el corazón humano, que, cuando se encuentra totalmente tranquilo y en paz, refleja la misma imagen de la divinidad. Así, cuando te encuentras de pie ante el altar, dispuesto a rendir culto, ves tu propia imagen reflejada en su superficie brillante y tu acto es equivalente al precepto délfico: «Conócete a ti mismo». Pero el conocimiento de uno mismo no implica, ni en las enseñanzas griegas ni en las japonesas, el conocimiento de la parte física del hombre, ni de su anatomía ni de su parte psicofísica; el conocimiento había de ser de corte moral: la introspección de nuestra naturaleza moral. Mommsen, comparando a los griegos y a los romanos, dice que cuando los primeros rendían culto, levantaban la vista al cielo, ya que su oración era contemplación, mientras que los segundos se cubrían la cabeza, pues su objetivo era la reflexión. De igual modo que ocurre en la concepción romana de la religión, nuestra reflexión dio prioridad no tanto al aspecto moral como a la conciencia nacional del individuo. Su adoración de la naturaleza conquistó al país hasta en lo más recóndito de nuestros espíritus, mientras que su adoración de los antepasados, linaje tras linaje, convirtió a la familia imperial en el origen de toda la nación. Para nosotros el país es más que la tierra y el suelo del que extraemos oro o trigo: es la morada sagrada de los dioses, los espíritus de nuestros padres; para nosotros el emperador es más que el archicondestable de un *Rechtsstaat** o incluso que el patrón de un *Kulturstaat***: es el representante del cielo encarnado en la tierra, que combina en su persona el poder y la misericordia de aquél. Si lo que dice M. Boutmy[4] sobre la Casa Real inglesa es cierto —que «es no sólo la imagen de la autoridad, sino la autora y símbolo de la unidad nacional»—, y yo así lo creo, se puede afirmar lo mismo pero por triplicado sobre la Casa Real de Japón.

Los principios del sintoísmo cubren los dos rasgos predominantes de la vida emocional de nuestra raza: el patriotismo y la lealtad. Arthur May Knapp dice con razón: «En la literatura hebrea muchas veces resulta difícil diferenciar si el escritor está hablando de Dios o de la Commonwealth; del cielo o de Jerusalén; del Mesías o de la nación en sí misma»[5]. Una confusión similar se puede advertir en la nomenclatura de nuestra fe nacional. Digo confusión, porque así la podrá considerar una mente lógica debido a su ambigüedad verbal; con todo, siendo un marco del instinto nacional y los sentimientos raciales, no pretende nunca erigirse en filosofía sistemática o en teología racional. Esta religión —¿o sería más correcto decir las emociones raciales que expresaba esta religión?— imbuyó completamente al bushido de lealtad al soberano y de amor por el país. Tales elementos funcionaban más como impulsos que como doctrinas, ya que el sintoísmo, a diferencia de la Iglesia cristiana medieval, apenas

---

* Estado de derecho. *(N. del T.)*
** Estado de cultura o Estado civilizado. *(N. del T.)*
[4] *The English People*, pág. 188.
[5] *Feudal and Modern Japan*, vol. I, pág. 183.

prescribía a sus devotos una *credenda**, pero sí les proporcionaba una *agenda* clara y simple.

Por lo que se refiere a doctrinas estrictamente éticas, las enseñanzas de Confucio constituyeron la fuente más prolífica del bushido. La enunciación de las cinco relaciones morales entre amo y sirviente (gobernante y gobernado), entre padre e hijo, entre esposo y esposa, entre hermano mayor y menor, y entre amigo y amigo, no fue sino la confirmación de lo que el instinto de la raza había reconocido antes de que sus escritos fueran introducidos desde China. El carácter tranquilo, afable y sabio de sus preceptos político-éticos se adecuaba particularmente bien a los samuráis, que formaban la clase gobernante. Su tono aristocrático y conservador se adaptó bien a los requisitos de estos guerreros y, a la vez, hombres de Estado. Junto a Confucio, Mencio ejerció una autoridad inmensa sobre el bushido. Sus teorías contundentes y a menudo muy democráticas resultaban tremendamente atractivas para las naturalezas compasivas, e incluso fueron consideradas peligrosas y subversivas para el orden social existente, de ahí que sus obras estuvieran censuradas durante mucho tiempo. Aun así, las palabras de esta mente magistral encontraron refugio permanente en el corazón de los samuráis.

Los escritos de Confucio y Mencio se convirtieron en los principales libros de texto para los jóvenes y la máxima autoridad en los debates de los ancianos. No obstante, el mero conocimiento de los clásicos de estos dos sabios no se tenía en gran estima. Un conocido proverbio ridiculiza a quien sólo posee un conocimiento intelectual de Confucio, diciendo que estudia las *Analecta*, pero las desconoce. Un samurái típico tilda a un erudito literario de «borracho que huele a libros». Otro compara el aprendizaje con una verdura hedionda que debe ser hervida una y otra vez para poder tomarla. Un hombre que ha leído poco huele un poco a pedante y otro que ha leído mucho huele aún más a lo mismo; ambos son igualmente desagradables. El

---

* Doctrina de fe. *(N. del T.)*

autor quería decir con ello que el conocimiento sólo se convierte realmente en tal cuando se asimila en la mente del estudiante y se muestra en su carácter. Un especialista intelectual era considerado una máquina. El intelecto en sí mismo se consideraba inferior a la emoción ética. El hombre y el universo se concibieron para ser, al mismo tiempo, espirituales y éticos. El bushido no podría aceptar el juicio de Huxley, según el cual el proceso cósmico es amoral.

El bushido no daba importancia al conocimiento como tal. Éste no se perseguía como un fin en sí mismo, sino como un medio de alcanzar la sabiduría. De ahí que a aquel que no llegaba a alcanzar este fin se le considerara como una simple máquina, capaz de producir poemas y máximas cuando se lo pedían. Por eso, el conocimiento se valoraba según su aplicación práctica en la vida; y esta doctrina socrática encontró su mayor exponente en el filósofo chino Wan Yang Ming, que nunca se cansaba de repetir: «Saber y actuar son una y la misma cosa».

A propósito de este tema, me permitiré una breve digresión, ya que algunos de los tipos más nobles de *bushi* se encontraban fuertemente influidos por las enseñanzas de este sabio. Los lectores occidentales reconocerán fácilmente en sus escritos muchos paralelismos con el Nuevo Testamento. Sin olvidar las peculiaridades de cada enseñanza, el pasaje «Buscad primero el reino y su justicia, y todo lo demás se os dará por añadidura*» transmite un pensamiento que puede encontrarse prácticamente en cada página de Wan Yang Ming. Un discípulo[6] suyo, de origen japonés, dice: «El señor del cielo y de la tierra, de todos los seres vivos, que mora en el corazón del hombre, se convierte en su mente *(Kokoro)*; de ahí que la mente sea algo vivo y siempre luminoso», y añade: «La luz espiritual de nuestro ser esencial es pura y no se ve afectada por la voluntad del hombre. Surge de manera espontánea en nuestra mente y muestra lo que está bien o

---

* Mateo 6, 33. *(N. del T.)*
[6] Miwa Shissai.

mal; se denomina entonces conciencia; es incluso la luz que procede del dios del cielo». ¡Cómo recuerdan estas palabras a ciertos pasajes de Isaac Pennington y de otros filósofos místicos! Me inclino a pensar que la mente japonesa, tal como se expresa en los sencillos principios de la religión *shinto*, estaba especialmente abierta a los preceptos de Wan Yang Ming. Este filósofo llevó su doctrina de la infalibilidad de la conciencia a un trascendentalismo extremo, atribuyéndole la facultad de percibir no sólo la distinción entre lo que es correcto y lo que no, sino también la naturaleza de los hechos psíquicos y de los fenómenos físicos. Su idealismo iría tan lejos, si no más, que el de Berkeley y Fichte, negando la existencia de las cosas fuera del conocimiento humano. Si su sistema adolecía de todos los errores lógicos atribuidos al solipsismo, gozaba también de la eficacia de la convicción profunda, y no se puede negar su importancia moral en el desarrollo de la individualidad del carácter y la ecuanimidad del temperamento.

De este modo, cualquiera que sean las fuentes, los principios esenciales, de los que bebió el bushido, y que asimiló para sí, fueron pocos y simples, aunque sí suficientes para proporcionar una conducta sólida en la vida, incluso durante los días más inseguros del periodo más inestable de la historia de nuestra nación. La naturaleza sana y nada sofisticada de nuestros antepasados guerreros extrajo abundante alimento para su espíritu de un conjunto de enseñanzas comunes y fragmentarias recogidas tanto en las vías principales como en las secundarias del pensamiento antiguo. Partiendo de tales enseñanzas, las exigencias de la época favorecieron la aparición de un nuevo y único tipo de hombría. Un perspicaz erudito francés, M. de la Mazelière, resume así sus impresiones sobre el siglo XVI: «Hacia mediados del siglo XVI, todo es confusión en Japón, en el gobierno, en la sociedad, en la Iglesia. Pero las guerras civiles, la vuelta a la barbarie en las costumbres, la necesidad de cada uno de tomarse la justicia por su mano, todo ello formó hombres comparables a los italianos del siglo XVI, en los que Taine alaba "la vigorosa iniciativa, el hábito de tomar resoluciones repentinas y realizar acciones extremas, la gran capacidad de actuar y sufrir". En Japón, como en Italia, "los rudos modales de la Edad Media" hicieron del hombre un magnífico animal "completamente beligerante y totalmente resistente". Y ésta es la razón por la que el siglo XVI pone de manifiesto, en su más alto grado, la principal cualidad de la raza japonesa: la gran diversidad entre las mentes *(esprits)*, así como entre los temperamentos. Mientras que en la India, o incluso en China, los hombres parecen diferenciarse principalmente por su grado de energía o inteligencia, en Japón difieren también por su originalidad de carácter. Ahora bien, la individualidad es característica de razas superiores y de civilizaciones ya desarrolladas. Si hacemos uso de una expresión muy del gusto de Nietzsche, podríamos decir que en Asia, hablar de humanidad es hablar de sus llanuras. En Japón, al igual que en Europa, se hablaría sobre todo de sus montañas.»

Tratemos ahora de las características principales de los hombres de los que escribe M. de la Mazelière. Empezaré por la rectitud.

CAPÍTULO III

LA RECTITUD O LA JUSTICIA

Destacamos aquí el precepto más importante del código del samurái. Nada es más repugnante para él que los tratos arteros y las acciones deshonestas. El concepto de *rectitud* pudiera resultar erróneo si se concibe de forma restringida. Un famoso *bushi* la define como poder de decisión: «La rectitud es el poder de decidir respecto a un determinado tipo de conducta conforme a la razón, sin titubeos; morir cuando es correcto morir, atacar cuando hay que atacar». Otro habla de ella en los siguientes términos: «La rectitud es el hueso que nos proporciona firmeza y estatura. De igual modo que sin huesos la cabeza no puede descansar sobre la parte superior de la espina dorsal, ni las manos se pueden mover o los pies hacer que nos mantengamos erguidos, sin rectitud, ni el talento ni el aprendizaje podrán convertir un esqueleto humano en un samurái. Con ella, la falta de talento apenas importa». Para Mencio, la *benevolencia* es la mente del hombre y la *rectitud* su camino. «¡Qué lamentable —exclama— es descuidar el camino y no seguirlo, perder la mente y no buscarla de nuevo! Cuando las aves de corral y los perros de los hombres se pierden, sus dueños saben dónde buscarlos, pero si pierden su mente no saben adónde acudir». ¿Acaso no estamos aquí, «como en un cristal oscuro», ante una parábola planteada trescientos años más tarde en otro ambiente y por un Maestro más grande, que se llamaba a sí mismo el Camino de la Rectitud, a través del cual se podía encontrar lo que se había perdido? Pero me estoy desviando del tema. La rectitud, según Mencio, es el camino derecho y estrecho que un hombre debería tomar para recuperar el paraíso perdido.

Incluso en los últimos días del feudalismo, cuando un largo período de paz había traído la ociosidad a la vida de la clase guerrera, y con ello relajamiento moral y también logros en las artes, el término *Gishi* («hombre recto») se consideraba superior a cualquiera que significase maestría en el saber o en el arte. A los «cuarenta y siete fieles», a quienes se da tanta importancia en nuestra educación popular, se los conoce comúnmente como los «cuarenta y siete *Gishi*».

En tiempos en que el engaño y la astucia podía pasar por táctica militar y la falsedad descarada por *ruse de guerre*, esta virtud varonil, franca y honesta, era la joya que más destacaba por su gran brillo y la más altamente apreciada.

La rectitud es hermana gemela del valor, otra virtud marcial. Pero antes de proceder a hablar del valor, permítanme que me detenga un momento en lo que definiría como una derivación de la rectitud, cuyo significado al principio se desvió un poco del original, y continuó separándose cada vez más de él, hasta que se pervirtió dando lugar a una acepción popular. Me refiero a *Gi-ri*, literalmente «la recta razón», pero que con el tiempo se utilizó para referirse a un vago sentido del deber que la opinión pública espera que cumpla el titular de tal deber. Su significado original era «deber», sin más; de ahí que hablemos del *Giri* que debemos a nuestros padres, superiores, inferiores, a la sociedad en general, etcétera. En estos ejemplos, *Giri* es «deber», puesto que ¿qué otra cosa es el deber que lo que la «recta razón» nos exige y ordena que hagamos? ¿Acaso no debería ser la «recta razón» nuestro imperativo categórico?

Al principio *Giri* no significó otra cosa que «deber», y me atrevo a decir que su etimología derivó del hecho de que en nuestra conducta, por ejemplo, hacia nuestros padres, si bien el amor debería ser único motor, en caso de faltar éste, tenía que existir alguna otra autoridad para fortalecer la piedad filial; y por ello desarrollaron el concepto de *Giri*.

La formulación de esta autoridad *(Giri)* se llevó a cabo con gran acierto, ya que si el amor no es capaz de impulsar acciones virtuosas, se puede recurrir al intelecto humano y apremiar a su razón para convencerla de la necesidad de actuar correctamente. Esto mismo es válido para cualquier otra obligación moral. El deber instantáneo se convierte en algo oneroso; la «recta razón» da un paso al frente para evitar que lo eludamos. *Giri*, entendido así, es un maestro severo que con una vara de abedul en la mano obliga a los holgazanes a llevar a cabo su papel. Se trata de una fuerza secundaria a nivel ético; como motivo, es infinitamente inferior a la doctrina cristiana del amor, que debería ser la Ley. Lo considero un producto de las condiciones de una sociedad artificial: una sociedad en la que la casualidad del nacimiento y el favor inmerecido instituyeron las distinciones de clase; en la que la familia era la unidad social; en la que tener más edad era más importante que ser superior en talento; en la que los afectos naturales debían sucumbir a menudo ante costumbres arbitrarias creadas por el hombre. Debido a esta artificiosidad, *Giri* degeneró con el tiempo en un vago sentido del decoro que servía para explicar esto y sancionar aquello; por ejemplo, por qué una madre tiene que, si es necesario, sacrificar a todos sus demás hijos con el fin de salvar a su primogénito; o por qué una hija debe vender su castidad para conseguir fondos para pagar la vida disipada del padre, y casos similares. Habiendo comenzado como «recta razón», *Giri*, en mi opinión, se ha rebajado a menudo a la casuística. Incluso ha degenerado en un temor cobarde a la censura. Podría decir de *Giri* lo que Scott escribió sobre el patriotismo, que «al igual que es lo mejor, también suele ser lo más sospechoso, una máscara de otros sentimientos». Alejada de la «recta razón», *Giri* se convirtió en un vergonzoso término equivocado. Albergó bajo sus alas todo tipo de sofismas e hipocresía. Fácilmente podría haberse convertido en un nido de cobardía, si el bushido careciese de un profundo y correcto sentido del coraje, espíritu de audacia y entereza.

CAPÍTULO IV

EL CORAJE, EL ESPÍRITU DE LA AUDACIA Y LA ENTEREZA

El coraje apenas se consideraba digno de figurar entre las virtudes, a menos que se ejerciera para defender la causa de la rectitud. En sus *Analectas*, Confucio define *coraje* explicando, como solía tener por costumbre, su opuesto. «Percibir lo correcto —dice— y no hacerlo demuestra falta de coraje.» Si expresamos este epigrama en forma positiva, dirá: «Coraje es hacer lo correcto». Correr toda clase de riesgos, ponerse en peligro uno mismo, precipitarse a las fauces de la muerte, se han identificado demasiado a menudo con el valor, y en la profesión de las armas tal imprudencia en la conducta (lo que Shakespeare llama «valor bastardo») es injustamente aplaudida; pero no según las normas de la caballería. Morir por una causa indigna se denominaba «morir como un perro». El príncipe Mito dice: «Precipitarse al grueso de la batalla y sucumbir en él es muy fácil y el patán más simple puede hacerlo; pero el verdadero coraje reside en vivir cuando lo correcto es vivir y morir sólo cuando lo correcto es morir». El príncipe no había oído siquiera hablar de Platón, que definió el coraje como «el conocimiento de las cosas que un hombre debería temer y también de las que no debería temer». La distinción que se hace en Occidente entre coraje moral y físico hace tiempo que está reconocida entre nosotros. ¿Qué joven samurái no ha oído hablar del «Gran Valor» y del «Valor de un Villano»?

El valor, la fortaleza mental, la bravura, la intrepidez, el coraje, al ser las cualidades del alma que atraen más fácilmente a las mentes jóvenes y las que mejor pueden ser entrenadas mediante el ejercicio y el ejemplo, fueron, por así decirlo, las virtudes más populares y que primero emulaban los jóvenes. Las hazañas militares se contaban a los niños desde que dejaban el pecho materno. Si un niño lloraba porque le dolía algo, la madre le regañaba de la siguiente manera: «¡Vaya cobarde, que llora por un dolor tan insignificante! ¿Qué harás cuando te corten un brazo en la guerra? ¿Qué harás cuando te ordenen cometer *hara-kiri?*» Todos conocemos la patética fortaleza mental del famélico niño-príncipe de Sendai, que en el drama le dice a su pequeño paje: «Mira esos pequeños gorriones del nido, cómo abren bien sus picos. ¡Y ahora mira! Ahí viene su madre con gusanos para alimentarlos. ¡Con qué ansia y felicidad comen los pequeños! Pero para un samurái es una desgracia sentir hambre cuando su estómago está vacío». En los cuentos infantiles abundan las anécdotas sobre fortaleza y bravura, aunque las historias de este tipo no son, en ningún caso, el único método para imbuirles desde pequeños el espíritu de audacia e intrepidez. Los padres, con una severidad que a veces rayaba en la crueldad, les obligaban a realizar tareas que exigían todo el valor que albergaran en sí mismos. «Los osos arrojaban a sus crías al fondo del desfiladero», decían. Los hijos de los samuráis eran abandonados en abruptos valles llenos de peligros y se les incitaba a realizar tareas similares a la de Sísifo. La privación ocasional de alimentos o la exposición al frío se consideraba una prueba altamente eficaz para hacerlos resistentes. Enviaban a niños de tierna edad, entre completos extraños, con algún mensaje para entregar; se les obligaba a levantarse antes del amanecer y antes de desayunar tenían que realizar sus ejercicios de lectura e ir a casa de sus profesores descalzos durante el frío del invierno; frecuentemente —una o dos veces al mes, como en la festividad de algún dios del saber— se reunían en pequeños grupos y se pasaban la noche sin dormir, leyendo en voz alta por turnos. El peregrinaje a toda clase de lugares extraños —a lugares donde se llevaban a cabo ejecuciones, a sepulturas, a casas que se tenían por embrujadas— formaba parte de los pasatiempos favoritos de los jóvenes. En los tiempos en que las decapitaciones eran públicas, no sólo se enviaba a niños pequeños a presenciar la horrenda escena, sino que tenían que visitar solos el lugar en la oscuridad de la noche y dejar una marca de su visita en la cabeza que había sido separada del tronco.

Este sistema ultraespartano de «entrenar los nervios» ¿no impacta al pedagogo moderno y le llena de horror y duda?, duda de si tal tendencia no resultaría embrutecedora, cortando de raíz las tiernas emociones del corazón. Veamos en otro capítulo otras ideas que el bushido tenía del valor.

El aspecto espiritual del valor se evidencia mediante la compostura, la serena presencia de ánimo. La tranquilidad es el coraje en reposo. Es una manifestación estática del valor, así como los actos audaces son su manifestación dinámica. Un hombre verdaderamente valiente siempre está sereno; nunca se ve sorprendido; nada afecta a la ecuanimidad de su espíritu. En medio del calor de la batalla se mantiene frío; en medio de una catástrofe mantiene su equilibrio mental. Los terremotos no le agitan; se ríe de las tormentas. Admiramos como alguien verdaderamente grande al que, ante la presencia amenazante de un peligro o de la muerte, conserva el control de sí mismo; a quien, por ejemplo, puede componer un poema ante un peligro inminente o tararear una melodía ante la presencia de la muerte. Tal tolerancia, sin temblor alguno a la hora de escribir o al cantar, se considera un rasgo evidente de una gran naturaleza, de lo que nosotros llamamos una mente espaciosa (yoyō), la cual, lejos de sentirse presionada o saturada, siempre tiene sitio para algo más.

Se considera entre nosotros una historia auténtica que cuando Ota Dokan, el gran constructor del castillo de Tokio, fue atravesado por una lanza, su asesino, conociendo la predilección de su víctima por la poesía, acompañó su embestida con este pareado:

> ¡Ah, en momentos como éstos,
> cómo envidia nuestro corazón la luz de la vida!

A lo que el héroe agonizante, sin amilanarse lo más mínimo por la herida mortal de su costado, añadió:

> ... de no haber, en horas de paz,
> aprendido a considerar la vida con ligereza.

Hay incluso un elemento deportivo en la naturaleza valerosa. Las cosas le parecen serias a la gente normal pueden ser como un juego para el valiente. De ahí que en las guerras antiguas no era raro que las partes de un conflicto intercambiaran frases ingeniosas o comenzaran una competición retórica. El combate no era únicamente una cuestión de fuerza bruta, también era una actividad intelectual.

Tal carácter tuvo la batalla que se libró a orillas del río Koromo, a finales del siglo XI. El ejército del este fue derrotado de forma aplastante, y su jefe, Sadato, se dio a la fuga. Cuando el general que lo perseguía le pisaba los talones y le gritó: «Es una deshonra para un guerrero mostrar la espalda al enemigo», Sadato tiró de las riendas y detuvo el caballo, ante lo cual el jefe vencedor le recitó un verso improvisado:

> Rasgada en jirones está la urdimbre del tejido (koromo).

Apenas habían salido estas palabras de sus labios cuando el guerrero derrotado, impasible, completó la estrofa:

Puesto que el tiempo ha desgastado sus hilos con el uso.

Yoshije, cuyo arco había estado tensado todo este tiempo, lo aflojó de repente y se dio media vuelta, dejando libre a su posible víctima. Cuando le preguntaron por el motivo de su extraño comportamiento, replicó que no podía soportar la idea de avergonzar a alguien que había mantenido tan bien su presencia de espíritu cuando estaba siendo acosado tan estrechamente por su enemigo.

La tristeza que se apoderó de Antonio y Octavio a la muerte de Bruto ha sido una experiencia común a todo hombre valiente. Kenshin, que combatió durante catorce años contra Shingen, cuando se enteró de la muerte de éste, lloró a voz en grito por la pérdida de «el mejor de los enemigos». Este mismo Kenshin ya había dado noble ejemplo para todos los tiempos a la hora de tratar a Shingen, cuyas provincias se encontraban en una región montañosa bastante lejana del mar, y que, por consiguiente, dependían de las provincias Hōjō del Tokaido para conseguir sal. El príncipe de Hōjō, deseando debilitarle, aunque no le había declarado la guerra, había interrumpido por completo el comercio de este importante artículo con Shingen. Kenshin, al enterarse del dilema de su enemigo y capaz de obtener sal de la costa de sus propios dominios, escribió a Shingen que en su opinión el señor de Hōjō había cometido un acto realmente vil y que aunque (Kenshin) estaba en guerra con él (Shingen) había ordenado a sus súbditos que le proporcionaran sal abundante, y añadió: «Yo no lucho con la sal, sino con la espada». Se establece aquí más de un paralelismo con las palabras de Camilo [*]: «Nosotros, los romanos, no luchamos con el oro, sino con el hierro». Nietzsche hablaba para el corazón del samurái cuando escribió: «Has de estar or-

---

[*] Marco Furio Camilo. (N. del T.)

gulloso de tu enemigo, así el éxito de tu enemigo será también el tuyo». Ciertamente, el valor y el honor requerían que sólo tuviéramos por enemigos en la guerra a aquellos que demostrasen ser dignos de ser amigos en la paz. Cuando el valor alcanza tal altura, se convierte en algo similar a la benevolencia.

CAPÍTULO V

LA BENEVOLENCIA, EL SENTIMIENTO DE CONSTERNACIÓN

El amor, la magnanimidad, el afecto por los demás, la simpatía y la piedad siempre se han considerado virtudes supremas, los más elevados atributos del alma humana. La benevolencia se consideraba una virtud soberana en un doble sentido: soberana entre los múltiples atributos de un espíritu noble y soberana por ser particularmente adecuada para la función de un soberano. No necesitábamos a ningún Shakespeare para sentir —aunque, tal vez, como el resto del mundo, lo necesitáramos para expresarlo— que la misericordia sentaba mejor a un monarca que su corona, y que se encontraba por encima del dominio de su cetro. Confucio y Mencio repiten con frecuencia que el requisito más elevado de un gobernante consiste en la benevolencia. Confucio diría: «Que un pueblo cultive la virtud y la gente acudirá en masa a él; con la gente le llegarán las tierras; las tierras le traerán riqueza; la riqueza le traerá el beneficio de las rectas costumbres. La virtud es la raíz y la riqueza el resultado». Y también: «Nunca se ha visto un caso en que el soberano amase la benevolencia y su pueblo no amara la rectitud». Mencio le sigue de cerca al declarar: «Existen ejemplos documentados de individuos que alcanzaron el poder supremo sin benevolencia en un solo estado, pero nunca he oído que todo un imperio cayera en manos de alguien que careciese de esta virtud». Asimismo, «es imposible que nadie llegue a gobernar un pueblo cuyo corazón no se ha ganado». Ambos definieron este requisito indispensable en un gobernante, diciendo: «Benevolencia: la benevolencia es el hombre».

Bajo el régimen feudalista, que podía degenerar fácilmente en militarismo, gracias a la benevolencia nos libramos de un despotismo de la peor especie. Una capitulación absoluta, sin condiciones, de parte de los gobernados, no habría dejado nada para los gobernantes aparte de su propia voluntad, y eso habría tenido como consecuencia el crecimiento de ese absolutismo llamado tan a menudo «despotismo oriental», ¡como si no hubiera habido déspotas en la historia de Occidente!

Nada más lejos de mi intención que la defensa de cualquier tipo de despotismo, pero es un error asociar el feudalismo con él. Cuando Federico el Grande escribió que «Los reyes son los primeros siervos del Estado», los juristas pensaron con acierto que había llegado una nueva época en el desarrollo de la libertad. Por la misma época, en las remotas regiones del noroeste de Japón, Yozan de Yonézawa hizo exactamente la misma declaración: que el feudalismo no era todo tiranía y opresión. Un príncipe feudal, aunque no fuera consciente de tener obligaciones recíprocas hacia sus vasallos, poseía un sentido más elevado de responsabilidad hacia sus antepasados y hacia el cielo. Era un padre para sus súbditos, que el cielo había puesto a su cuidado. Según el antiguo *Libro de poesía* chino: «Antes de que la casa de Yin perdiera los corazones de la gente, podía presentarse ante el Cielo». Y Confucio, en su *Gran enseñanza* señalaba: «Cuando el príncipe ama lo que el pueblo ama y odia lo que el pueblo odia, entonces él será lo que se denomina padre del pueblo». Por ello, la opinión pública y la voluntad monárquica, o la democracia y el absolutismo, se funden el uno en el otro.

Y por eso también, en un sentido que no se aplica habitualmente a este término, el bushido aceptaba y corroboraba el gobierno paternal; paternal también como algo opuesto al gobierno menos interesado del tío (¡el del tío Sam, por ejemplo!). La diferencia entre un gobierno despótico y uno paternal reside en que en el primero el pueblo obedece a regañadientes, mientras que en el otro lo hace con «esa orgullosa sumisión que dignifica la obediencia, esa subordinación del corazón que mantiene vivo, incluso en la misma servidumbre, el espíritu de la libertad exaltada»[7]. El viejo dicho que denominaba al rey de Inglaterra «el rey de los diablos, por las frecuentes insurrecciones de sus súbditos contra sus príncipes y sus consiguientes derrocamientos» no es del todo falso, ni el que tildaba al monarca francés «rey de los asnos por sus infinitos impuestos e abusos», pero que dio el título de «rey de los hombres al soberano de España, debido a la obediencia complaciente de su pueblo». Pero ya es suficiente.

La virtud y el poder absoluto pueden resultar chocantes para la mente anglosajona por parecerle términos imposibles de armonizar. Pobyedonostseff ha establecido claramente antes que nosotros el contraste entre los fundamentos de la comunidad inglesa y otras europeas; es decir, que éstas se organizaron sobre la base del interés común, mientras que aquélla se distinguió por una personalidad independiente fuertemente desarrollada. Lo que este estadista ruso dice de la dependencia personal de los individuos respecto a alguna clase de alianza social —y, a fin de cuentas, con respecto al Estado— entre las naciones continentales de Europa, y particularmente entre los pueblos eslavos, es doblemente cierto para el pueblo japonés. De ahí que no sólo sea un ejercicio libre de poder monárquico que nosotros no sentimos tan pesadamente como en Europa, sino que se ve moderado generalmente por la consideración paternal por los sentimientos del pueblo. «El absolutismo —dice Bismarck— en primer lugar exige del gobernante imparcialidad, honestidad, de-

---

[7] Burke, *French revolution*.

voción por el deber, energía y humildad interior». Si se me permite hacer una cita más sobre este tema, citaré el discurso del emperador alemán en Coblenza, en el que habló de «la realeza por la gracia de Dios, con sus importantes deberes, sus tremendas responsabilidades de cara al Creador exclusivamente, de las que ningún hombre, ni ministro ni parlamento puede liberar al monarca».

Sabíamos que la benevolencia es una virtud tierna y maternal. Si la honrada rectitud y la justicia severa eran peculiarmente masculinas, la misericordia tenía la dulzura y la persuasión de una naturaleza femenina. Se nos advirtió en contra de la caridad indulgente e indiscriminada, si no se condimentaba con la justicia y la rectitud. Masamuné lo expresó con acierto en su conocido aforismo: «La rectitud llevada al exceso se vuelve rigidez; la benevolencia llevada más allá de toda medida se torna debilidad».

Afortunadamente la misericordia no era tan rara como bella, ya que es universalmente cierto que «los más valientes son los más cariñosos, los que aman son los más atrevidos». *Bushi no nasaké* («la ternura del guerrero») apelaba de inmediato a lo más noble en nosotros; no es que la misericordia de un samurái fuera diferente de la de cualquier otro ser, sino que la suya nada tenía que ver con un impulso ciego, sino que otorgaba la debida consideración a la justicia; tal misericordia no se quedaba en un simple estado mental, sino que estaba respaldada por el poder de salvar o matar. Así como los economistas hablan de la demanda como efectiva o inefectiva, de modo similar podemos llamar «efectiva» a la misericordia del *Bushi*, ya que implicaba el poder de actuar en favor o en detrimento del receptor.

Orgullosos como estaban de su fuerza bruta y de los privilegios de los que se beneficiaban, los samuráis admitían absolutamente lo que Mencio enseñaba acerca de reconocer la fuerza del amor. «La benevolencia —dice— domina cualquier cosa que obstaculice su poder, al igual que el agua subyuga al fuego. Sólo dudan del poder del agua para apagar las llamas aquellos que intentan extinguir con una taza de agua un vagón cargado de leña ardiendo». También dice que «el sentimiento de consternación es la raíz de la benevolencia»; por tanto, un hombre benevolente es siempre consciente de aquellos que están sufriendo y que sienten dolor. Por ello, Mencio se anticipó con creces a Adam Smith, que funda su filosofía ética en torno a la simpatía.

Resulta verdaderamente sorprendente hasta qué punto coinciden los códigos de honor caballeresco de un país con los de otros; en otras palabras, cómo las ideas orientales de moral, de las que se ha abusado tanto, encuentran su equivalente en las máximas más nobles de la literatura europea. Si los conocidos versos:

> *Hae tibi erunt artes - pacisque imponere morem,*
> *Parcere subjectis, et debellare superbos*
> [«Éstas serán tus artes: imponer la costumbre de la paz,
> Proteger a los sometidos y abatir a los soberbios»],

se mostraran a un ciudadano japonés, podría acusar directamente al bardo de Mantua de plagiar la literatura de su propio país.

La benevolencia hacia los débiles, los oprimidos o los derrotados fue algo que siempre se mencionaba como particularmente adecuado para un samurái. Los amantes del arte japonés han de estar familiarizados con la representación de un sacerdote que monta sobre una vaca mirando hacia atrás. El jinete había sido guerrero anteriormente y había convertido su nombre en sinónimo de terror. En la terrible batalla de Sumanoura (1184 d.C.), que fue una de las más decisivas de nuestra historia, alcanzó a un enemigo y en combate singular lo agarró firmemente entre sus gigantescos brazos. El protocolo de la guerra requería que en una ocasión así no se derramara sangre, a menos que el adversario más débil probara que era un hombre que estaba al mismo nivel o poseía la misma habilidad que el más fuerte. El denodado combatiente deseaba conocer el nombre del que tenía debajo de él, pero al negarse éste a darlo, le arrancó su casco de forma implacable, y cuando salió a relucir una cara juvenil, blanca e imberbe, el caballero, atónito, aflojó su agarre. Ayudó al joven a ponerse en pie y, en tono paternal, pidió al mozuelo que se marchara: «¡Ve, joven príncipe, junto a tu madre! La espada de Kumagayé nunca se manchará con una gota de tu sangre. ¡Apresúrate y huye por aquel paso antes de que aparezcan tus enemigos!» El joven guerrero rehusó marcharse y rogó a Kumagayé que, por el honor de ambos, lo despachara allí mismo. Sobre la vetusta cabeza del veterano brilla la fría hoja que muchas veces antes había cortado los hilos de la vida, pero su tenaz corazón vacila; su ojo mental tiene una visión como en un destello de su propio hijo, que ese mismo día marchaba al son del clarín para poner a prueba sus jóvenes brazos. La fuerte mano del guerrero tiembla; de nuevo le ruega a su víctima que huya y salve la vida. Pero viendo que todas sus súplicas son vanas y oyendo los pasos cada vez más próximos de sus camaradas, exclama: «Si te alcanzan, puedes caer bajo una mano mucho más innoble que la mía. ¡Oh, tú, Infinito, recibe su alma!» En un instante, la espada resplandece en el aire y cuando cae se torna roja por la sangre adolescente. Cuando acaba la guerra, vemos a nuestro soldado regresar triunfante, pero poco le importa a él ahora el honor o la fama. Renuncia a su carrera militar, se afeita la cabeza, se pone un atuendo de monje y se dedica el resto de su vida a realizar peregrinaciones sagradas, sin volver nunca la espalda al oeste, donde se encuentra el paraíso del que proviene la salvación y hacia el que se dirige el sol cada día para descansar.

 Los críticos pueden encontrar defectos en esta historia, que resulta casuísticamente vulnerable. No importa; en cualquier caso, muestra que la ternura, la compasión y el amor eran rasgos que adornaban las hazañas más sanguinarias de un samurái. Había una vieja máxima entre ellos que decía: «No es propio del cazador de aves dar muerte al pájaro que se refugia en su seno». Esto, en gran medida, explica por qué el movimiento de la Cruz Roja, considerado tan peculiarmente cristiano, encontró amplia aceptación entre nosotros. Décadas antes de que oyéramos hablar de la Convención de Ginebra, Bakin, nuestro más grande novelista, nos había familiarizado con la idea de prestar ayuda médica a un enemigo caído. En el principado de Satsuma, que destacaba por su espíritu y su educación marciales, se impuso la costumbre, entre los hombres jóvenes, de practicar música; no el toque de trompetas o el redoble de tambores («esos clamorosos heraldos de la sangre y de la muerte»), que nos incitan a imitar las acciones del tigre, sino melodías tristes y tiernas con el *biwa* [8], con el fin de suavizar los fieros espíritus y apartar los pensamientos de la fragancia de la sangre y de las escenas de carnicería. Polibio nos cuenta que la Constitución de Arcadia exigía que todos los jóvenes de menos de treinta años tocaran música, con el fin de que este dulce arte pudiera aliviar los rigores de una región tan inclemente. A su influencia es a lo que él atribuye la falta de crueldad en aquella parte de las montañas arcadias.

No era Satsuma el único lugar en Japón donde se inculcaba moderación a la clase guerrera. Entre los pensamientos anotados al azar por un príncipe de Shirakawa encontramos el siguiente: «Aunque se acerquen furtivamente al borde de tu cama en las horas silenciosas de la noche, no los apartes de ti, sino mejor aprecia estas cosas: la fragancia de las flores, el sonido de campanas lejanas y el zumbido de un insecto en una noche helada». Y además: «Aunque puedan herir tus sentimientos, has de perdonar a estos tres elementos: a la brisa que hace que se desperdiguen tus flores, a la luna que oculta tu luna y al hombre que busca pelea contigo».

Se fomentaba ostensiblemente la escritura de versos con el fin de expresar estas delicadas emociones y para cultivarlas. Nuestra poesía, por tanto, revela una fuerte dosis de patetismo y ternura. Una conocida anécdota de un samurái rústico servirá para ilustrar el tema que estamos tratando. Cuando a este hombre de campo le dijeron que aprendiera versificación y le ofrecieron como tema para su primer intento poético «las notas de la curruca», su fiero espíritu se rebeló y arrojó a los pies de su maestro esta burda producción literaria, que decía:

---

[8] Instrumento musical parecido a una guitarra.

El bravo guerrero aleja
el oído que podría escuchar
el canto de la curruca.

Su maestro, impertérrito ante tal falta de sensibilidad, continúo animando al joven, hasta que un día despertó la música de su alma para responder a las dulces notas del *uguisu*[9] y escribió:

Se levanta el guerrero, imponente, con su cota de malla,
para escuchar la canción del *uguisu*,
que trina dulcemente entre los árboles.

Admiramos y disfrutamos el incidente heroico sucedido durante la corta vida de Corner, cuando, al yacer herido en el campo de batalla, garabateó su famoso *Adiós a la vida*. Este tipo de escenas eran muy habituales en nuestras guerras. Nuestros concisos y epigramáticos poemas se adaptaban perfectamente a la improvisación de un único sentimiento. Cualquiera, independientemente de su nivel de educación, podía ser poeta o poetastro. Era bastante habitual que a un soldado, al marchar, se le viera detenerse, sacar sus utensilios de escritura del cinturón y componer una oda; a menudo aparecían luego los papeles en el yelmo o en el peto de la armadura cuando se los retiraban a su portador, ya sin vida.

Lo que el cristianismo ha hecho en Europa para fomentar la compasión en medio de los horrores de la guerra lo ha hecho en Japón el amor por la música y por las letras. Cultivar sentimientos delicados fomenta la consideración hacia el sufrimiento de los demás. La modestia y la deferencia, impulsadas por el respeto a los sentimientos del otro, son la base de la cortesía.

---

[9] *Uguisu* o curruca, a veces llamado también «ruiseñor de Japón».

CAPÍTULO VI

LA CORTESÍA

La cortesía y la urbanidad en los modales son elementos que cualquier turista extranjero identifica como rasgo característico de la cultura japonesa. Pero la cortesía se convierte en virtud mediocre si sólo la impulsa el miedo a ofender al buen gusto; ha de ser una manifestación externa del respeto hacia los sentimientos de los demás. También implica la debida consideración a la idoneidad de las cosas y, por tanto, el debido respeto a la posición social, ya que esta última no expresa distinción plutocrática, sino que en su origen era una distinción obtenida por méritos reales.

En su forma más elevada, la cortesía se aproxima al amor. Podemos decir, con admiración, que la cortesía «aguanta mucho y es amable; no envidia, no se jacta de sí misma, no es engreída, no se comporta de forma indecorosa, no busca su propio beneficio, no se deja provocar fácilmente, no toma en cuenta el mal».

No es de extrañar que el profesor Dean, al hablar de los seis elementos de la humanidad, conceda a la cortesía una posición destacada, hasta tal punto que la considera el fruto más maduro de las relaciones sociales.

Pero aunque yo ensalce aquí la cortesía, nada más lejos de mi intención que situarla a la cabeza de las virtudes. Si la analizamos, veremos que está relacionada con otras virtudes de orden superior, pues ¿existe alguna virtud que se manifieste sola? Al ensalzarla como algo específico de la profesión de las armas, se la sobrevaloró, lo cual provocó que surgieran versiones falsas de ella. El propio Confucio insistía en que los complementos externos son una parte tan pequeña del decoro como los sonidos lo son de la música.

Cuando se elevó el decoro a condición *sine qua non* de las relaciones sociales, sólo cabía esperar que se pusiera de moda un elaborado sistema de etiqueta para entrenar a los jóvenes en el comportamiento social correcto. Se enseñaba y se aprendía con esmero cómo debía uno inclinarse al encontrarse con otros, o cómo debía caminar y sentarse. Los modales en la mesa se desarrollaron hasta tranformarse en una ciencia. Servir y tomar el té se convirtió en una ceremonia. Y por supuesto, se espera que un hombre educado sea un maestro en todas estas facetas. El señor Veblen, en su interesante obra [10], denomina el decoro, muy acertadamente, como «producto y exponente de la vida de la clase ociosa».

A mis oídos han llegado comentarios despectivos hechos por europeos sobre nuestra elaborada disciplina de la cortesía. Se ha criticado la excesiva atención que se le presta y el hecho de mostrarle una obediencia estricta, lo cual se considera una locura. Admito que puede haber en la etiqueta ceremonial exquisiteces innecesarias, pero dudo que contenga en sí misma un nivel de locura tan grande como el de la adhesión a las modas continuamente cambiantes en Occidente. No es que yo considere la moda exclusivamente como capricho de la vanidad; por el contrario, la entiendo como una búsqueda

---

[10] *Theory of the Leisure Class*, N. Y., 1899, pág. 46.

incesante de la belleza por parte de la mente humana. Y mucho menos trivial considero, en general, una ceremonia elaborada, ya que denota una larga observación previa como método más apropiado para alcanzar un determinado resultado. Si hay que llevar algo a cabo, habrá que encontrar, desde luego, la mejor forma de hacerlo, que será la más económica y la más elegante. El señor Spencer define la elegancia como la manera más económica de moverse. La ceremonia del té presenta ciertas formas establecidas de manipular un cuenco, una cuchara, una servilleta, etc. Para un novato puede resultar tedioso. Pero pronto descubre uno que la forma en que está establecido es, al fin y al cabo, con la que se ahorra más tiempo y trabajo; en otras palabras, con la que se consigue el uso más económico de la fuerza, y por lo tanto, siguiendo a Spencer, la más elegante.

El significado espiritual del decoro social —o, podría decir, tomando el término de la «filosofía de la ropa», disciplina espiritual cuya etiqueta y ceremonia son mera prenda externa— no tiene nada que ver con lo que a simple vista parece. Podría seguir el ejemplo del señor Spencer y rastrear los orígenes de nuestras instituciones ceremoniales, así como las causas morales que dieron lugar a aquéllas; pero éste no es el objetivo de este libro. Lo que deseo subrayar es el entrenamiento moral que implica el estricto cumplimiento de las normas que rigen el decoro.

He mencionado ya que la etiqueta se desarrolló hasta alcanzar las más finas exquisiteces, dando lugar así a diferentes escuelas que abogan por sistemas distintos. Pero todas ellas compartían la misma esencia. Como declaró un gran exponente de la escuela de etiqueta más famosa, la Ogasawara: «La finalidad de toda etiqueta es cultivar la mente de tal manera que, cuando estés tranquilamente sentado, ni el más tosco rufián pueda atreverse a atacar a tu persona». Ello significa, en otras palabras, que gracias al constante ejercicio de los buenos modales, uno pone en orden todas las partes y facultades del cuerpo y logra tal armonía con éste y con su entorno como para expresar la superioridad del espíritu sobre la carne. ¡Qué significado tan distinto y profundo adquiere aquí la palabra francesa *bienséance*[11]!

Si la premisa de que la elegancia significa economía de fuerza es cierta, entonces le sigue como secuencia lógica que la práctica constante de una conducta cortés ha de traer consigo la acumulación de fuerza. Los buenos modales, por tanto, implican energía en reposo. Cuando los bárbaros galos, durante el saqueo de Roma, irrumpieron en el senado y se atrevieron a tirar de las barbas de los padres venerables, pensamos que estos ancianos tenían la culpa, puesto que les faltó dignidad en sus modales. ¿Se puede realmente alcanzar un nivel de grandeza espiritual a través de la etiqueta? ¿Por qué no? ¡Todos los caminos llevan a Roma!

Para ilustrar cómo lo más simple puede convertirse en un arte y luego llegar a constituirse en cultura espiritual, utilizaré el *Cha-no-yu*, la ceremonia del té. ¡Tomar el té forma parte de las bellas artes! ¿Y por qué no? En el niño que dibuja en la arena o en el salvaje que esculpe una roca existe la promesa de un Rafael o de un Miguel Ángel. Con más motivo el acto de tomar una bebida cuyos orígenes se remontan a la contemplación trascendental de un anacoreta hindú puede desarrollarse hasta ponerse al servicio de la religión y la moralidad. Esa tranquilidad mental, esa serenidad de temperamento, esa compostura y suavidad en la conducta, principios esenciales del *Cha-no-yu*, son sin duda las condiciones principales del pensamiento y del sentimiento correctos. La escrupulosa limpieza de la pequeña habitación, apartada de la vista y del ruido de la multitud bulliciosa, ayuda a dirigir nuestros pensamientos fuera de este mundo. El interior, desnudo, no distrae nuestra atención, al contrario de lo que ocurre con los innumerables cuadros y curiosidades habituales en una sala occidental; la presencia de *kakémono*[12] llama nuestra atención

---

[11] Etimológicamente, «estar bien sentado».

[12] Rollos colgantes, que pueden ser bien pinturas o bien ideogramas, usados con finalidad decorativa.

más bien por la elegancia de su diseño que por la belleza del colorido. El objetivo que se persigue es el refinamiento sublime; cualquier cosa con la que se pretenda hacer alarde de algo se destierra con religioso horror. El hecho mismo de que fuera inventado por un ermitaño en una época en la que las guerras y los rumores de guerras eran constantes da una idea clara de que esta institución era más que un pasatiempo. Antes de entrar en el tranquilo recinto de la sala de té, los asistentes que se reunían para tomar parte en la ceremonia dejaban a un lado, junto con sus espadas, la ferocidad del campo de batalla o las preocupaciones políticas, para encontrar allí paz y amistad.

El *Cha-no-yu* es más que una ceremonia: es un arte; es poesía, con gestos articulados para los ritmos; es un modus operandi de la disciplina del alma. Su mayor valor reside en esta última fase. En no pocas ocasiones las otras fases gozaron de un papel preponderante en la mente de sus devotos, pero eso no implica que su esencia no fuera de naturaleza espiritual.

La cortesía se puede considerar ya un gran logro sólo por el hecho de proporcionar elegancia a los modales. Pero su función no se detiene aquí, ya que los modales, que surgen de la benevolencia y la modestia, y los fomenta la ternura hacia los demás, son siempre una expresión cortés de la simpatía. Requieren, por tanto, que lloremos con aquellos que lloran y nos regocijemos con los que se regocijan. Este requisito didáctico, cuando se reduce a pequeños detalles cotidianos de la vida, se manifiesta en actos apenas perceptibles, y si se perciben son, como me dijo una vez una misionera que llevaba veinte años residiendo en el país, actos «muy graciosos». Usted está bajo un sol abrasador sin ningún tipo de sombra que le proteja; un japonés, conocido suyo, pasa al lado; usted le aborda e instantáneamente él se quita el sombrero. Bueno, esto es perfectamente normal, pero lo «muy gracioso» es que durante todo el tiempo que está hablando con usted, tiene su parasol bajado y permanece también bajo el sol abrasador. ¡Qué tontería! Sí, así sería si el origen de tal actitud no fuese este pensamiento:

«Usted está al sol; yo simpatizo con usted; me encantaría poder cubrirle con mi parasol si fuera lo suficientemente grande o si fuéramos parientes; como no puedo darle sombra, compartiré su incomodidad». Pequeños actos de este tipo, tan divertidos o más, en realidad no son sólo simples gestos o fruto de convencionalismos. Constituyen la «personificación» de los sentimientos de preocupación por el confort de los demás.

Otra costumbre «muy graciosa» viene dictada por nuestros cánones de cortesía; pero muchos autores que escriben con bastante superficialidad sobre Japón la han desestimado, atribuyéndola simplemente al desconcierto general que le inspira la nación. Cualquier forastero que la haya observado, reconocerá lo incómodo que se sintió a la hora de reaccionar en tal ocasión. En Estados Unidos, cuando haces un regalo, tiendes a elogiar dicho regalo ante el que lo recibe; en Japón, sin embargo, lo infravaloramos o menospreciamos. En Estados Unidos la idea subyacente es: «Éste es un bonito regalo; si no fuera bonito no me atrevería a dártelo, ya que sería un insulto darte algo feo». Por el contrario, nuestra lógica es la siguiente: «Eres una bella persona y ningún regalo es lo suficientemente bonito para ti. Nada de lo que te pueda ofrecer te haría justicia, excepto una pequeña muestra de mi buena voluntad; así que acepta esto, no por su valor intrínseco, sino como símbolo. Sería un insulto a tu valía decir que es el mejor regalo o que es muy bueno para ti». Situemos ambas ideas juntas y veremos que ambas son la misma. Ninguna es «muy graciosa». Los norteamericanos hablan de la parte material que constituye el regalo; los japoneses hablan del espíritu que impulsa a hacer el regalo.

Sería un razonamiento perverso, dado que nuestro sentido del decoro se expresa en los detalles más pequeños de nuestro comportamiento, extraer una conclusión a partir del menos importante y convertirla en modelo típico, y dictar sentencia sobre el principio en sí mismo. ¿Qué es más importante, comer u observar las normas del decoro en la mesa? Un sabio chino responde: «Si se toma un caso en el que comer sea importantísimo y el cumplimiento de las normas del decoro tenga poca importancia, y comparamos ambas cosas, ¿por qué no decir simplemente que el hecho de comer es de mayor importancia?» «El metal es más pesado que las plumas», pero ¿se refiere acaso este dicho a un broche de metal y a un carro lleno de plumas? Tomen un trozo de madera de unos treinta centímetros de grosor y colóquenlo sobre el pináculo de un templo. Nadie dirá que es más alto que el templo. A la pregunta «¿qué es más importante, decir la verdad o ser cortés?», se dice que los japoneses darían una respuesta diametralmente opuesta a la que recibiríamos de los norteamericanos. No obstante, me reservaré cualquier comentario al respecto hasta que hable de la veracidad y la sinceridad.

CAPÍTULO VII

LA VERACIDAD Y LA SINCERIDAD

Sin veracidad y sinceridad, la cortesía es tan sólo farsa y apariencia. «El decoro llevado más allá de los límites correctos —dice Masamuné— se convierte en una mentira.» Un antiguo poeta superó a Polonio al dar este consejo: «Sé fiel a ti mismo; si en tu corazón no te apartas de la verdad, no necesitarás rezar para que los dioses te protejan».

En la apoteosis de la sinceridad recogida en la *Doctrina del medio,* Confucio le atribuye a esta virtud poderes trascendentales, identificados casi con lo divino. «La sinceridad es el principio y el fin de todas las cosas; sin sinceridad no habría nada.» Luego, con elocuencia, hace hincapié en su naturaleza de gran alcance y perdurabilidad, su poder de generar cambios sin moverse y lograr su objetivo sin esfuerzo, con su mera presencia. El ideograma chino para «sinceridad» es una combinación de «palabra» y «perfecto», y uno se siente tentado a hacer un paralelismo entre dicho ideograma y la doctrina neoplatónica de *Logos;* hasta tal altura se eleva el sabio en su desacostumbrado vuelo místico.

La mentira o la tergiversación se consideraban igualmente cobardes. El *bushi* sostenía que su alta posición social demandaba un estándar más noble de veracidad que el del comerciante o el campesino. *Bushi no ichi-gon* («la palabra de un samurái», o en su equivalente alemán exacto, *Ritterwort)* era garantía suficiente de veracidad en sus afirmaciones. Su palabra tenía tal peso que las promesas generalmente se hacían y se cumplían sin que existiera compromiso escrito, pues esto último se habría considerado impropio de su dignidad. Se contaban muchas anécdotas emocionantes sobre aquellos que hubieron de compensar con la muerte su *ni-gon,* su doble lengua.

El respeto por la veracidad era tan grande que, al contrario que la mayoría de los cristianos que violan continuamente simples mandamientos de su Señor como el de no jurar, los mejores samuráis consideraban los juramentos como algo denigrante para su honor. Soy plenamente consciente de que sí que juraban por diferentes deidades o sobre sus espadas; pero nunca degeneró el juramento en expresión gratuita e irreverente. Con el fin de dar énfasis a las palabras se recurría a veces a una práctica que consistía en sellarlas literalmente con sangre. Para explicar una práctica tal, sólo necesito remitir a mis lectores al *Fausto,* de Goethe.

Un escritor norteamericano de esta época afirmó que si preguntas a un japonés de la calle qué es mejor, decir una falsedad o ser descortés, no dudará en responder: «Decir una falsedad». El doctor Peery tiene razón sólo en parte. Tiene razón en que un japonés de la calle, incluso un samurái, puede contestar de esa forma, pero se equivoca a la hora de atribuir demasiado peso al término que él traduce como «falsedad». Esta palabra (en japonés, *uso)* se emplea para denotar algo que no es una verdad *(makoto)* o un hecho *(honto).* Lowell nos dice que Wordsworth no podía distinguir entre *verdad* y *hecho,* y un japonés de la calle es, a este respecto, tan bueno como

Wordsworth. Pregunte a un japonés, o incluso a un norteamericano que muestre cierta dosis de refinamiento, si usted le desagrada o si siente alguna molestia en el estómago y apenas dudará en decir una falsedad y contestar: «Usted me cae bien» o «Me encuentro perfectamente, gracias». Sacrificar la verdad en aras de la cortesía se considera una «forma vacía» *(kyo-rei)* y un «engaño a base de dulces palabras».

Soy consciente de que estoy hablando ahora de la idea de veracidad del bushido; pero puede que no me desvíe mucho si dedico unas pocas palabras a nuestra integridad comercial, de la cual he oído que se han publicado muchas quejas en libros y periódicos. Sin duda, una dudosa moralidad en los negocios ha sido la peor mancha en nuestra reputación nacional; pero antes de aprovecharnos de ello o de apresurarse en condenar a toda la raza por esto, estudiémoslo con calma y obtendremos como recompensa cierto consuelo para el futuro.

De todas las grandes ocupaciones de la vida, la más alejada de la profesión de las armas era el comercio. El mercader se situaba en lo más bajo dentro de la categoría de las vocaciones (caballero, labrador, artesano y mercader). El samurái obtenía sus ingresos de la tierra y podía incluso, si se sentía atraído por ello, dedicarse a labores agrícolas como aficionado; pero detestaba el mostrador y el ábaco. Sabemos la causa de tal distribución social. Montesquieu explicó que el hecho de que se apartara a la nobleza de las actividades mercantiles era una táctica social admirable, ya que impedía que la riqueza se acumulara en manos de los poderosos. La separación del poder y las riquezas hacía que la distribución de éstas últimas fuera más equitativa. El profesor Dill, autor de *La sociedad romana en el último siglo del Imperio de Occidente*, nos recuerda que una causa de la decadencia del Imperio romano fue el permiso que se concedió a la nobleza para tomar parte en el comercio y el consiguiente monopolio de la riqueza y el poder por parte de una minoría de familias senatoriales.

El comercio, por tanto, en el Japón feudal no alcanzó el grado de desarrollo que podría haber conseguido bajo condiciones más libres. El oprobio con que se asociaba esta vocación hizo que entraran a ejercerla individuos que se preocupaban poco por su reputación social. «Si llamamos a alguien ladrón, robará.» Si estigmatizamos una vocación, sus seguidores adaptarán su moral a ello, ya que es natural que «la conciencia normal —como dice Hugh Black— se eleve ante las exigencias que le imponen y caiga fácilmente al límite del estándar que se espera de ella». Resulta innecesario añadir que ningún negocio, comercial o de otro tipo, puede llevarse a cabo sin un código moral. Nuestros mercaderes del periodo feudal usaban entre ellos uno sin el cual no podrían haber desarrollado nunca —ni siquiera de modo embrionario— instituciones mercantiles fundamentales como los gremios, los bancos, la bolsa, los seguros, los cheques, las letras de cambio, etc.; pero en sus relaciones con la gente de otros estamentos, los comerciantes vivían más bien conforme a la reputación que se les adjudicaba.

En este estado de cosas, cuando el país se abrió al comercio con el extranjero, sólo los más aventureros y faltos de escrúpulos se apresuraron hacia los puertos, mientras que las casas comerciales respetables declinaron durante algún tiempo las repetidas invitaciones de las autoridades para establecer filiales fuera. ¿Y el bushido?, ¿pudo o no resistir la corriente de deshonra comercial? Veámoslo.

Los que conocen bien nuestra historia recordarán que sólo unos años después de que se abrieran nuestros puertos al comercio exterior, se abolió el feudalismo, y cuando se suprimieron los feudos de los samuráis y éstos recibieron bonos en compensación, se les dio libertad para invertirlos en transacciones comerciales. Ahora podrían preguntarse ustedes «¿Cómo es que no incorporaron su sentido de la veracidad, del que tanto alardeaban, a sus nuevas relaciones comerciales para así corregir antiguos abusos?» Aquellos que tenían ojos para ver no podían llorar lo suficiente; los que tenían corazón para sentir no podían simpatizar lo suficiente con el destino de muchos nobles y honestos samuráis que fracasaron notable e irrevocablemente en el nuevo y nada familiar terreno en el que habían de desenvolverse, el del comercio y la industria, a causa de su simple falta de astucia a la hora de tratar con sus astutos rivales plebeyos. Sabiendo que el ochenta por ciento de las empresas comerciales fracasa en un país tan industrial como Estados Unidos, ¿nos extraña que apenas uno de cada cien samuráis que se iniciaban en el comercio tuviera éxito en su nuevo oficio? Será mucho antes de que se reconozca cuántas fortunas se perdieron en el intento de aplicar la ética del bushido a los métodos comerciales; pero pronto se vio claro que los caminos de la riqueza no eran los caminos del honor. ¿En qué sentido eran diferentes?

De los tres incentivos para la veracidad que enumera Lecky, a saber, el industrial, el político y el filosófico, el primero faltaba completamente en el bushido. En cuanto al segundo, poco podía desarrollarse en una comunidad política bajo un sistema feudal. Es en su aspecto filosófico —y, como dice Lecky, el más elevado— donde la honradez adquiere su nivel más alto en nuestro catálogo de virtudes. Con mi más sincera consideración hacia la gran integridad comercial de la raza anglosajona, cuando pregunto por el motivo último, me contestan que «la honradez es la mejor política», que merece la pena ser honrado. ¿No es entonces esta virtud en sí misma su propia recompensa? ¡Si se practicara porque aporta más beneficio que falsedad, me temo que el bushido consentiría la mentira!

Si el bushido rechaza una doctrina de recompensas basadas en el *quid pro quo*, los comerciantes más astutos la aceptarán de buen grado. Lecky destacó con gran acierto que la veracidad debe su crecimiento en gran parte al comercio y a las manufacturas. Como Nietzsche dice, la honradez es la más joven de las virtudes; en otras palabras, es la hija adoptiva de la industria moderna. Sin su madre, la veracidad habría sido una huérfana de sangre azul a quién sólo las mentes más cultivadas podrían haber adoptado y nutrido. Tales mentes eran comunes entre los samuráis, pero a falta de una madre adoptiva más democrática y utilitaria, la tierna criatura no llegó a prosperar. A medida que se produce el avance industrial, la veracidad se mostrará como una virtud no sólo beneficiosa, sino también fácil de practicar. Piense que ya en noviembre de 1880, Bismarck envió una circular a los cónsules profesionales del Imperio alemán en la que les advertía de «una falta lamentable de fiabilidad con respecto a los embarques alemanes *inter alia*, evidente en lo relativo a la calidad y a la cantidad». Hoy día oímos comparativamente poco del descuido y de la falta de honradez alemana en el comercio. En veinte años sus mercaderes han aprendido que, a fin de cuentas, merece la pena ser honrado. Nuestros comerciantes ya se han percatado de ello. Al lector que desee profundizar más le recomiendo dos escritores recientes que le ofrecerán un juicio sopesado sobre este tema [13]. Es interesante destacar en este contexto que la integridad y el honor fueron las garantías más seguras que incluso un mercader deudor podía presentar en forma de pagarés. Era muy habitual incluir en ellos cláusulas como éstas: «En caso de que no reembolse la suma que se me ha prestado, aceptaré que se me ridiculice en público» o «En caso de que no pueda devolver el dinero, usted podrá llamarme tonto», y cosas similares.

Me he preguntado muchas veces si la veracidad del bushido tenía otro motivo más elevado que el coraje. A falta de cualquier mandamiento contra el falso testimonio, la mentira no era condenada como pecado, sino simplemente denunciada como una debilidad y, como tal, altamente deshonrosa. De hecho, la idea de honradez está tan íntimamente mezclada —y su etimología latina y germana tan identificada— con el honor, que es el momento de hacer una pausa y pasar a considerar dicho rasgo de los preceptos de la caballería.

---

[13] Knapp, *Feudal and Modern Japan*, vol. I, cap. IV; Ransome, *Japan in Transition*, cap. VIII.

CAPÍTULO VIII

EL HONOR

El sentido del honor, que implica una vívida conciencia de la dignidad y de la valía personal, no podía faltar en la caracterización del samurái, nacido y educado para valorar los deberes y privilegios de su profesión. Aunque la palabra que se da habitualmente hoy día como traducción de «honor» no se usaba abiertamente, no obstante, dicha idea se transmitía mediante términos como *na* («nombre»), *men-moku* («compostura»), *guai-bun* («oído exterior»), que nos recuerdan respectivamente el uso bíblico de «nombre», la evolución del término «personalidad» desde la máscara griega y la «fama». Dado que se asumía como algo natural, cualquier infracción contra la integridad del buen nombre (la reputación propia, «la parte inmortal de uno mismo, del que el resto es la parte animal») se sentía como una vergüenza, y el sentido de la vergüenza *(Ren-chi-shin)* era uno de los que se fomentaban a edad más temprana en la educación juvenil. Frases como: «Se van a reír de ti», «Harás el ridículo», «¿Es que no te da vergüenza?» eran los últimos recursos para corregir la conducta del joven que incurría en algún tipo de delito. Este recurso a su honor se dirigía el punto más sensible del corazón infantil, como si hubiera sido alimentado con honor mientras que estaba en el vientre de su madre, pues la verdad es que el honor posee una influencia prenatal; está estrechamente unido a una fuerte conciencia familiar. Balzac afirma que «al perder la solidaridad de las familias, la sociedad ha perdido la fuerza fundamental que Montesquieu denominaba "honor"». Ciertamente, el sentido de vergüenza es, a mi entender, la indicación más temprana de conciencia moral de la raza. El primer y peor castigo que sufrió la humanidad a consecuencia de probar «el fruto del árbol prohibido» fue, en mi opinión, no el dolor del parto ni las espinas y los cardos, sino despertar al sentido de vergüenza. Pocos incidentes en la historia superan en patetismo a la escena de la primera madre que enhebró, con respiración agitada y manos temblorosas, su rudimentaria aguja en las pocas hojas de higuera que su abatido esposo había recogido para ella. El primer fruto de la desobediencia se aferra a nosotros con más tenacidad que ninguna otra cosa. Todo el ingenio sartorial de la humanidad no ha logrado aún coser un delantal que esconda eficazmente nuestro sentido de la vergüenza. Tenía razón aquel samurái que rechazó comprometer su carácter por una ligera humillación en su juventud, pues, decía, «el deshonor es como una cicatriz en un árbol, a la que el tiempo, en lugar de borrar, tan sólo ayuda a aumentar de tamaño».

Mencio había enseñado siglos antes, con una frase casi idéntica, lo que Carlyle expresaría más tarde; concretamente, que «la vergüenza es el terreno de toda virtud, de los buenos modales y de la buena moral».

El temor a la deshonra era tan grande que, si bien a nuestra literatura le falta la elocuencia que Shakespeare pone en boca de Norfolk, no obstante, aquélla pendía como una espada de Damocles sobre la cabeza de todo samurái y a menudo adquiría un carácter obsesivo. En nombre del honor se perpetraban actos que no encuentran justificación alguna en el código del bushido. Por el insulto más ligero, incluso imaginario, el irascible fanfarrón se daba por ofendido y tiraba de espada; se desataban muchas disputas innecesarias y se perdían muchas vidas inocentes. Así, se cuenta que un ciudadano bienintencionado llamó la atención de un *bushi* sobre el hecho de que tenía una pulga en la espalda; a continuación, fue partido en dos por éste, por la sencilla y cuestionable razón de que, puesto que las pulgas son parásitos que se alimentan de animales, era un insulto imperdonable que se identificara a un noble guerrero con una bestia. En mi opinión, historias como éstas son demasiado frívolas para darles crédito. Sin embargo, el hecho de que circularan por ahí implica tres cosas: (1) que se inventaban para intimidar a la gente corriente; (2) que realmente se llevaban a cabo abusos por parte de aquellos que ejercían la profesión de honor del samurái, y (3) que entre ellos se desarrolló un sentido muy fuerte de la vergüenza. Es sencillamente injusto usar un caso anormal para echar la culpa a los preceptos, en la misma medida en que lo sería juzgar las verdaderas enseñanzas de Cristo en función de los frutos del fanatismo y la extravagancia religiosa: las inquisiciones y la hipocresía. Pero al igual que en la monomanía religiosa hay algo conmovedoramente noble comparado con el *delirium tremens* de un borracho, ¿no reconocemos en la extrema sensibilidad del samurái con respecto a su honor el sustrato de una virtud genuina?

El exceso obsesivo hacia el que tendía el delicado código del honor tenía un fuerte contrapeso en la constante predicación de la magnanimidad y la paciencia. Sentirse ofendido a la más ligera provocación se ridiculizaba como «mal genio». El adagio popular decía: «Soportar lo que crees que no puedes soportar es soportar realmente». El gran Iyéyasu legó a la posteridad unas cuantas máximas entre las que se encuentran las siguientes: «La vida del hombre es como andar una larga distancia con un gran peso sobre los hombros. No te apresures... no reproches a nadie; permanece siempre atento a tus propios defectos... La templanza es la base de una vida larga». Él practicó en su vida lo que predicaba. Un ingenio literario puso un curioso epigrama en boca de tres conocidos personajes de nuestra historia: a Nobunaga le atribuyó: «Mataré al ruiseñor si no canta a tiempo»; a Hidéyoshi: «Le obligaré a que cante para mí», y a Iyéyasu: «Esperaré hasta que abra el pico».

La paciencia y la capacidad de sufrir eran cualidades muy elogiadas también por Mencio. En cierta ocasión escribió a este respecto: «Aunque te desnudes a ti mismo y me insultes, ¿qué significa eso para mí? No puedes manchar mi alma con tu agravio». En otra parte enseña que enfadarse por una ofensa insignificante no es digno de un hombre superior, mientras que la indignación por una gran causa produce una ira justificada.

Los niveles de docilidad nada marcial que alcanzó el bushido en algunos de sus devotos puede observarse en sus palabras. Tomemos, por ejemplo, esta frase de Ogawa: «Cuando otros hablen toda clase de maldades sobre ti, no devuelvas mal por mal, más bien reflexiona si no has podido ser más fiel a la hora de cumplir con tus deberes», y esta otra de Kumazawa: «Cuando otros te culpen a ti, no les culpes tú; cuando otros estén enfadados contigo, no les respondas con tu enfado. La alegría llega sólo cuando la pasión y el deseo desaparecen». Aún puedo citar otra frase de Saigo, sobre cuyas abultadas cejas «la vergüenza se avergüenza de asentarse»: «El Camino es el camino del Cielo y la Tierra; el hombre ha de seguirlo; por ello haz que el objeto de tu vida sea reverenciar al cielo. El Cielo me ama a mí y a los demás de igual manera; por ello, con el amor con que te amas a ti mismo, ama a los demás. No hagas del Hombre tu compañero, sino del Cielo y, convirtiendo al Cielo en tu compañero, actúa de la mejor manera posible. Nunca condenes a los demás; ocúpate de si tú estás a la altura de tus propios principios». Algunas de estas frases nos recuerdan ciertos argumentos cristianos y nos muestran en qué medida, en el terreno de la moralidad práctica, la religión natural puede aproximarse a la revelada. Estas frases no se quedaban en simples expresiones, sino que eran realmente materializadas en actos.

Debe admitirse que muy pocos alcanzaban este nivel sublime de magnanimidad, paciencia y perdón. Fue una verdadera pena que no se dijese nada claro y general sobre lo que constituye el honor; sólo unas pocas mentes iluminadas eran conscientes de que «no surge de ninguna condición», sino que su existencia depende de que cada uno desempeñe bien su papel, puesto que no había nada más fácil que el hecho de que los jóvenes olvidaran, en el calor de la acción, lo que habían aprendido de Mencio durante momentos de más calma. Este sabio decía: «En la mente de todo hombre reside el amor al honor; pero poco se imagina él que lo verdaderamente honorable se encuentra dentro de él mismo y no en ninguna otra parte. El honor que confieren otros hombres no es buen honor. A aquellos a los que Châo el Grande ennoblece, puede éste volver a convertirlos en mediocres». Para la mayoría, un insulto era una ofensa inmediata que se pagaba con la muerte, como veremos más adelante, mientras que el honor —que demasiado a menudo no superaba la vanagloria o la aprobación verbal— era premiado como el *summum bonum* de la existencia terrenal. La fama, y no la riqueza o el conocimiento, era la meta que los jóvenes se esforzaban por conseguir. Muchos individuos se juraban, al traspasar el umbral de la casa paterna, que no lo volverían a cruzar hasta que se hubieran hecho un nombre en el mundo; y muchas madres ambiciosas rechazaban ver a sus hijos de nuevo a menos que pudieran regresar a casa, como dice la expresión, «cubiertos de brocado». Para evitar la vergüenza o ganar renombre, los chicos samuráis eran capaces de someterse a cualquier privación y sufrir los calvarios más severos, tanto físicos como mentales. Sabían que el honor que se ganaba en la juventud crecía con la edad. En el memorable sitio de Osaka, un joven hijo de Iyéyasu, a pesar de sus más sinceras súplicas de que le pusieran en la vanguardia, fue colocado en la retaguardia del ejército. Cuando cayó el castillo, estaba tan disgustado y lloraba tan amargamente que un anciano consejero intentó consolarle con todos los recursos de que disponía: «Reconfortaos, señor —le dijo—, con la idea de que tenéis un largo futuro por delante. En los muchos años que viviréis, habrá ocasiones para distinguiros». El chico fijó su mirada indignada en el hombre y le espetó: «¡Qué insensatez decís! ¿Volveré acaso a tener de nuevo catorce años?». Se enseñaba que la vida misma no tenía valor si con ella se podía alcanzar el honor y la fama; por ello, si se presentaba una causa que se considerase más valiosa que la vida, se entregaba ésta con extrema serenidad y celeridad.

Entre las causas que, por comparación, se consideraban más importantes que ninguna vida, se encontraba el deber de la lealtad, que constituía la piedra clave que hacía de las virtudes feudales un arco simétrico.

CAPÍTULO IX

EL DEBER
DE LA LEALTAD

La moralidad feudal tiene otras virtudes en común con otros sistemas éticos, con otras clases sociales, pero esta virtud (el homenaje y la lealtad a un superior) constituye un rasgo distintivo. Soy consciente de que la fidelidad personal es una adhesión moral existente entre toda clase y condición de hombres; hasta una banda de carteristas puede deber lealtad a un Fagin. Pero sólo en el código del honor caballeresco la lealtad adquiere una importancia primordial.

A pesar de la crítica de Hegel[14], en la que afirma que la fidelidad de los vasallos feudales, al ser una obligación para un individuo y no para una comunidad, es un vínculo establecido sobre principios totalmente injustos, un gran compatriota suyo presumía de que la lealtad personal era una virtud alemana. Bismarck tenía buenas razones para ello, no porque la *Treue** de la que alardeaba fuera mono-

---

[14] *Philosophy of History* (traducción al inglés de Sibree), parte IV, sec. II, cap. I.

* «Lealtad», en alemán. *(N. del T.)*

polio de su patria o de cualquier otra nación o raza, sino porque este honrado fruto de la caballería ha persistido más tiempo entre los pueblos donde el feudalismo ha tardado más en abolirse. En Estados Unidos, donde «todo el mundo es tan bueno como cualquier otra persona» y, como añadió un irlandés, «mejor también», tales ideas exaltadas de lealtad como las que sentimos por nuestro soberano pueden considerarse «excelentes dentro de ciertos límites», pero absurdas tal y como se fomentan entre nosotros. Montesquieu se quejó hace mucho tiempo de que lo que era correcto a un lado de los Pirineos era incorrecto al otro lado, y el reciente juicio a Dreyfus ha demostrado la verdad de esta observación, salvo que los Pirineos no eran la única frontera más allá de la cual la justicia francesa no encuentra apoyos. De forma similar, la lealtad tal y como la concebimos nosotros puede encontrar pocos admiradores en otros lugares, no porque nuestra concepción esté equivocada, sino porque está, me temo, olvidada, y también porque la llevamos a un grado que no se ha alcanzado en ningún otro país. Griffis[15] tenía mucha razón al afirmar que mientras en China, allí donde la ética de Confucio había hecho de la obediencia a los padres el deber principal del ser humano, en Japón se había dado prioridad a la lealtad. Arriesgándome a escandalizar a algunos de mis buenos lectores, relataré la historia de uno «que pudo soportar seguir a un señor caído» y quien por ello, según asegura Shakespeare, «se ganó un lugar en la Historia».

La historia habla de uno de los personajes más grandes de nuestra historia, Michizané, quien, víctima de los celos y las calumnias, fue exiliado de la capital. No contento con esto, sus infatigables enemigos se dedicaron entonces a exterminar a su familia. Una rigurosa búsqueda de su hijo, aún pequeño, revela que está viviendo en secreto en una escuela de pueblo dirigida por un tal Genzo, un antiguo vasallo de Michizané. Cuando se envía la orden al maestro

---

[15] *Religions of Japan*.

de que entregue un día determinado la cabeza del joven proscrito, su primera idea es encontrar un sustituto adecuado para ello. Revisa la lista de alumnos, realiza un repaso cuidadoso de todos los chicos, a medida que van entrando en el aula, pero ninguno de los nacidos allí tiene el más mínimo parecido con su protegido. Su desesperación, sin embargo, sólo dura un momento, ya que he aquí que se anuncia a un nuevo alumno, un atractivo muchacho de la misma edad que la del hijo de su amo, acompañado de su madre, de porte noble.

La madre y el muchacho no eran menos conscientes del parecido entre el pequeño señor y el pequeño súbdito. En la intimidad de su hogar ambos decidieron postrarse en el altar: el uno ofrecería su vida, la otra su corazón, si bien no mostrarían ninguna señal de ello al mundo exterior. Desconocedor de lo que había pasado entre ellos, es del profesor de quien procede la sugerencia.

¡Aquí, entonces, está el chivo expiatorio! El resto de la narración puede contarse brevemente. El día señalado, llegó el oficial encargado de identificar y recibir la cabeza del joven. ¿Quedará decepcionado por la falsa cabeza? La mano del pobre Genzo estaba en la empuñadura de su espada, listo para asestar un golpe bien al hombre o bien a sí mismo, en caso de que el examen no encajase con sus planes. El oficial levantó la horripilante prueba ante sí, repasó con calma cada rasgo y en un tono reflexionado, como si tratara de negocios, confirmó su autenticidad. Aquella noche en una casa solitaria esperaba la madre que vimos en la escuela. ¿Conocía ella el destino de su hijo? No estaba observando con ansiedad que se abriese el postigo porque estuviera esperando su retorno. Su suegro había recibido hacía mucho tiempo el favor de Michizané, pero desde que lo desterraran, las circunstancias habían obligado a su marido a ponerse al servicio del enemigo del benefactor de su familia. Él mismo no podía mentir a su cruel amo; pero su hijo podía servir a la causa del señor de sus antepasados. Por ser alguien que conocía a la familia del exiliado, le encargaron la tarea de identificar la cabeza del niño. Ahora, una vez hecho el duro trabajo del día (sí, y de la vida) vuelve a su casa y mientras cruza el umbral, se dirige a su mujer, diciendo: «¡Alégrate, esposa mía, nuestro querido hijo ha demostrado saber servir a su señor!»

«¡Qué historia tan atroz!», oigo exclamar a mis lectores. «¡Los padres, deliberadamente, sacrifican a su propio hijo inocente para salvar la vida del hijo de otro hombre!» Pero ese niño era una víctima consciente y dispuesta: es la historia de una muerte por sustitución, tan significativa como —y no más horrible que— la de la historia del intento de sacrificio de Isaac por parte de Abraham. En ambos casos, la obediencia a la llamada del deber fue la completa sumisión a la orden de una voz superior, ya fuera dada por un ángel visible o invisible, u oída por un oído externo o interno. Pero me abstendré de predicar.

El individualismo de Occidente, que reconoce intereses separados para el padre y el hijo, para el esposo y la esposa, necesariamente trae un gran alivio a los deberes de uno con el otro; pero el bushido sostenía que el interés de la familia y de sus miembros es integral, uno e inseparable. Este interés está ligado al afecto: natural, instintivo, irresistible; por tanto, si morimos por uno a quien amamos con amor natural (los animales mismos poseen este afecto), ¿qué es eso? «Pues si amáis a quienes os aman, ¿qué recompensa tendréis? ¿Es que los publicanos no hacen lo mismo?»*.

En su gran historia, Sanyo relata de una forma conmovedora la lucha interna de Shigemori en relación con la conducta rebelde de su padre. «Si soy leal, mi padre está perdido de necesidad; si obedezco a mi padre, no puedo respetar el deber hacia mi soberano». ¡Pobre Shigemori! Más tarde le veremos rezando con toda su alma para que el amable Cielo le envíe la muerte, para que pueda ser liberado de este mundo donde es difícil que la pureza y la rectitud habiten.

Muchos Shigemori tienen el corazón dividido por el conflicto

---

* Referencia a Lucas 6, 32. *(N. del T.)*

entre el deber y el afecto. Ciertamente, ni en Shakespeare ni en el mismo Antiguo Testamento se encuentra una traducción adecuada para *ko*, nuestro concepto de piedad filial, y aun así el bushido nunca dudaba en elegir la lealtad. Las mujeres también animaban a sus vástagos a sacrificarlo todo por el rey. Incluso tan resuelta como la viuda Windham y su ilustre consorte, la madre samurái estaba dispuesta a entregar a sus hijos por lealtad.

Como el bushido —al igual que Aristóteles y algunos sociólogos modernos— concibe el Estado como anterior al individuo —este último nace dentro de aquél como parte integrante del mismo—, también creía que el individuo debía vivir y morir por el Estado o por el titular de su autoridad legítima. Los lectores del *Critón* recordarán el argumento con el que Sócrates representa las leyes de la ciudad mientras alega sobre el asunto de su huida. Entre otras cosas, les hace decir (a las leyes o al Estado): «Como has sido engendrado, criado y educado bajo nuestro gobierno, no te atreverás a decir que no eres nuestro vástago y nuestro siervo, tanto tú como tus padres antes que tú». Éstas son palabras que no nos impresionan lo más mínimo, ya que la misma idea ha estado en boca del bushido, con esta modificación: que las leyes y el Estado estaban representadas para nosotros por una persona. La lealtad es una consecuencia ética de esta teoría política.

No ignoro el punto de vista del señor Spencer, según el cual la obediencia política, la lealtad, está acreditada sólo como una función transitoria[16]. Puede que sea así. Pero ya le basta a cada día con su propia virtud. Podemos repetirlo con complacencia, especialmente por creer que *ese* día constituye un largo periodo de tiempo, durante el cual, como dice nuestro himno nacional: «diminutos guijarros crecen hasta convertirse en poderosas rocas cubiertas de musgo».

Podemos recordar en este punto que incluso en un pueblo tan

---

[16] *Principles of Ethics*, vol. I, parte II, cap. X.

democrático como el inglés «el sentimiento de fidelidad personal a un hombre y a su posteridad que los ancestros germánicos sentían por sus jefes —como ha dicho recientemente el señor Boutmy— se ha transformado más o menos en la profunda lealtad a la raza y la sangre de sus príncipes, como queda de manifiesto en su extraordinario cariño a la dinastía».

La subordinación política, predice el señor Spencer, dará lugar a la lealtad, a los dictados de la conciencia. Si suponemos que su inducción se realiza, ¿desaparecerán para siempre la lealtad y su concomitante instinto de reverencia? Transferimos nuestra lealtad de un señor a otro, sin ser infiel a ninguno de los dos: de ser súbditos de un gobernador que maneja el cetro temporal, nos convertimos en siervos de la monarquía que está entronizada en lo más íntimo de nuestros corazones. Hace unos años una controversia muy estúpida, iniciada por los descarriados discípulos de Spencer, creó gran confusión entre los lectores de Japón. En su celo por defender la reivindicación del trono de una lealtad indivisible, acusaron a los cristianos de ser propensos a la traición, debido a que todos confesaban fidelidad a su Amo y Señor. Expusieron una serie de argumentos sofísticos sin la habilidad mental de los sofistas, y de tortuosidades escolásticas sin las finuras de los escolásticos. Poco sabían ellos que podemos, en cierto sentido, «servir a dos amos sin apegarnos a uno o despreciar al otro», «dando al césar lo que es del césar y a Dios lo que es de Dios». ¿Acaso Sócrates, mientras se negaba resueltamente a conceder una pizca de lealtad a su *daemon*, no obedecía con igual fidelidad y ecuanimidad los mandatos de su amo terrenal, el Estado? Siguió su conciencia viviendo y sirvió a su país muriendo. ¡Ay del día en que un Estado se vuelva tan poderoso como para exigir de sus ciudadanos los dictados de sus conciencias!

El bushido no nos exige hacer a nuestra conciencia esclava de cualquier señor o rey. Thomas Mowbray fue un verdadero portavoz nuestro cuando dijo:

Me arrojo, terrible soberano, a tus pies.
Mi vida gobernarás, pero no mi vergüenza.
Lo primero es propio de mi deber; pero mi limpio nombre
a pesar de la muerte, que vivirá sobre mi tumba,
jamás lo tendrás para el uso oscuro del deshonor.

A un hombre que sacrificaba su propia conciencia a la voluntad caprichosa o al carácter estrafalario o extravagante de un soberano se le adjudicaba un lugar inferior en la valoración de los preceptos. A tal hombre se le despreciaba como un nei-shin, un ser rastrero, que medra en la corte gracias a la adulación sin escrúpulos, o como un chō-shin, un favorito que roba el afecto de su amo por medio de una sumisión servil; estas dos especies de sujetos se corresponden exactamente con los que describe Iago*, uno de ellos, un granuja sumiso y adulador, que adora su obsequiosa esclavitud y consume su tiempo más bien como el asno de su amo; el otro, un individuo que adorna su comportamiento con las formas y el semblante del deber, pero mantiene la atención de su corazón sólo sobre sí mismo. Cuando un súbdito discrepaba de su amo, el camino leal a seguir para él era usar cualquier medio disponible para persuadirle de su error, como Kent hizo con el rey Lear. Si no tenía éxito en ello, dejaba que el señor hiciera con él lo que quisiera. En casos de este tipo, era bastante habitual que el samurái realizara una última apelación a la inteligencia y a la conciencia de su señor demostrando la sinceridad de sus palabras con el derramamiento de su propia sangre.

Al considerarse la vida como el medio a través del cual se servía al amo, y al haberse establecido el honor como ideal, toda la educación y entrenamiento de un samurái se conducía de forma correspondiente.

---

* Personaje de *Otelo*, de Shakespeare. *(N. del T.)*

CAPÍTULO X

LA EDUCACIÓN Y EL ENTRENAMIENTO DEL SAMURÁI

El primer punto que se observaba en la pedagogía caballeresca era la formación del carácter, dejando en la sombra las más sutiles facultades de la prudencia, la inteligencia y la dialéctica. Hemos visto el importante papel que desempeñaban las habilidades estéticas en su educación. Siendo como eran indispensables para un hombre de cultura, en el entrenamiento de un samurái eran más bien accesorios que elementos esenciales. La superioridad intelectual se estimaba, desde luego; pero la palabra *Chi*, que se empleaba para denotar «intelectualidad», se refería más bien a «sabiduría» en primera instancia, otorgando al «conocimiento» sólo un lugar de segundo nivel. Se decía que el trípode sobre el que se sostenía el armazón del bushido era *Chi, Jin, Yu*, respectivamente, o sea: sabiduría, benevolencia y coraje. Un samurái era en esencia un hombre de acción. La ciencia no se encontraba dentro del ámbito de su actividad. Se aprovechaba de ella en la medida que tuviera que ver con su profesión de armas. La religión y la teología se relegaban a los sacerdotes; tan sólo se ocupaba de ellas en la medida en que sirvieran para alimentar el coraje. Al igual que un poeta inglés, el samurái creía que «no es el credo el que salva al hombre, sino que es el hombre el que justifica el credo». La filosofía y la literatura constituían la parte principal de su entrenamiento intelectual; pero con su estudio no se perseguía la verdad objetiva. La literatura era principalmente un pasatiempo y la filosofía se usaba como ayuda práctica en la formación del carácter, o bien para la exposición de algún tipo de problema militar o político.

De lo que se ha dicho no resultará sorprendente destacar que el currículo de estudios, según la pedagogía del bushido, consistía principalmente en lo siguiente: esgrima, tiro con arco, *jiujutsu*[17] o *yawara*, equitación, uso de la lanza, táctica, caligrafía, ética, literatura e historia. De entre ellas, *jiujutsu* y caligrafía tal vez requieran una cierta explicación. Se hacía mucho hincapié en una buena escritura, probablemente porque nuestros logogramas, al compartir la naturaleza de las imágenes, poseen un valor artístico, y también porque la caligrafía se consideraba algo indicativo del carácter de cada persona. *Jiujutsu* puede definirse brevemente como una aplicación del conocimiento anatómico con el objeto de atacar o defenderse. Se diferencia de la lucha en general en que no depende de la fuerza muscular. Se distingue de otras formas de combate en que no usa armas. Su mérito consiste en agarrar o golpear partes del cuerpo del enemigo para que se quede paralizado o incapaz de ejercer ninguna resistencia. Su objetivo no es matar, sino incapacitar a otro para actuar durante un tiempo dado.

Una materia de estudio que uno podría esperar encontrar en la educación militar y que más bien brilla por su ausencia en el programa de instrucción del bushido son las matemáticas. Esto, no obstante, puede explicarse en parte fácilmente por el hecho de que las

---

[17] La misma palabra que *jiu-jitsu;* esta errónea grafía es la habitual en inglés común. Se trata de un noble arte. «No usa armas». (W. E. G.).

guerras feudales no se llevaban a cabo con precisión científica. Hay que recalcar, de todos modos, que todo el entrenamiento del samurái era contrario al fomento de las nociones numéricas.

La caballería es antieconómica: presume de pobreza. Ventidius afirma al respecto que «la ambición, la virtud del soldado, elige antes la pérdida que la ganancia que le oscurece». Don Quijote se enorgullece más de su oxidada lanza y su esquelético caballo que de tierras y riquezas, y el espíritu del samurái simpatiza de corazón con este exagerado colega suyo procedente de La Mancha. El samurái desdeña el dinero en sí mismo, el arte de hacerlo o amontonarlo. Para él tal cosa era un lucro verdaderamente indecente. La expresión habitual para describir la decadencia de una época era «que los civiles amaban el dinero y los soldados temían la muerte». El hecho de comportarse de forma tacaña con el oro y con la vida provocaba tanta desaprobación como se encomiaba su uso desprendido. Un precepto aún vigente dice: «Los hombres deben envidiar el dinero menos que a ninguna otra cosa; son las riquezas las que obstaculizan la sabiduría». Por esto, los niños se criaban con una total indiferencia hacia la economía. Se consideraba de mal gusto hablar del tema, y la ignorancia sobre el valor de las diferentes monedas era una señal de buena educación. El conocimiento de los números era indispensable a la hora de reunir tropas, así como en la distribución de beneficios y feudos; pero el recuento del dinero se dejaba en manos más humildes. En muchos feudos, las finanzas públicas eran administradas por una clase inferior de samurái o por monjes. Todo *bushi* de mente clara sabía suficientemente bien que el dinero conformaba los nervios de la guerra, pero nunca pensó en convertir el aprecio por el dinero en una virtud. Es cierto que el bushido imponía la costumbre del ahorro, pero no por razones económicas, sino más bien por ejercitar la abstinencia. El lujo era considerado la mayor amenaza para la hombría, por lo que se requería que la clase guerrera tuviera una vida lo más severamente simple, y se hacían cumplir leyes suntuarias en muchos de los clanes.

Leemos que en la antigua Roma los recaudadores de impuestos y otros agentes financieros fueron gradualmente ascendidos al rango de caballeros, mostrando el Estado de esta manera cómo apreciaba su servicio y la importancia del dinero en sí mismo. Uno puede fácilmente imaginar lo íntimamente conectado que está esto con el lujo y la avaricia de los romanos. Pero no sucede lo mismo con los preceptos de la caballería. Ésta persistió en considerar sistemáticamente a las finanzas como algo bajo, en comparación con las vocaciones morales e intelectuales.

Ignorando de forma tan diligente el dinero y el amor por él, el bushido mismo pudo permanecer libre durante mucho tiempo de mil y un males de los que el dinero es la causa. Ésta es suficiente razón para justificar que nuestros hombres públicos hayan estado libres de corrupción durante mucho tiempo; pero, ¡ay!, qué rápido se está abriendo camino la plutocracia en nuestra época y en nuestra generación.

La disciplina mental, cuya consecución se vería apoyada hoy día principalmente por el estudio de las matemáticas, se proporcionaba mediante exégesis literarias y discusiones deontológicas. Pocos asuntos abstractos ocupaban la mente de los jóvenes, puesto que el principal objetivo de su educación era, como ya he mencionado, la decisión del carácter. La gente cuyas mentes simplemente almacenaban información no gozaban de admiradores. De los tres servicios que según Bacon nos ofrecen los estudios (deleite, ornamento y habilidad), el bushido mostró una preferencia decidida por el último, siempre que fuera usado «a juicio y a disposición de los negocios». Ya fuera para la disposición de los negocios públicos o para el ejercicio del autocontrol, siempre se conducía dicha educación con un fin práctico en mente. «Saber sin pensar —dijo Confucio— es trabajo perdido; pensar sin saber es peligroso.»

Cuando el carácter y no la inteligencia, cuando el alma y no la cabeza, son los materiales que un profesor elige para trabajar y para desarrollarlos, su vocación adquiere un cierto carácter sagrado. «Son los padres los que me han traído al mundo; es el profesor el que me ha hecho un hombre.» Con esta idea, por tanto, la estima en la que se tenía a un preceptor era muy elevada. Un hombre que evocara tal confianza y respeto de un joven tenía que estar necesariamente dotado de una personalidad superior, sin estar falto de erudición. Era un padre para el huérfano y un consejero para los susceptibles de equivocarse. «Tu padre y tu madre —dice una de nuestras máximas— son como el cielo y la tierra; tu maestro y tu señor son como el sol y la luna.»

El actual sistema de pagar por cada tipo de servicio no estaba en boga entre los partidarios del bushido. Se creía en un servicio que sólo se podía prestar sin dinero y sin precio. El servicio espiritual, sea el de un sacerdote o el de un maestro, no se podía compensar en oro o plata, no porque no tuviera valor, sino porque era inestimable. Aquí el instinto no aritmético basado en el honor del bushido dio una lección más realista que la economía política moderna, pues los sueldos y salarios se pueden pagar sólo por servicios cuyos resultados son definidos, tangibles y mensurables, mientras que el mejor servicio prestado en el terreno de la educación, o sea en el desarrollo del alma (y esto incluye los servicios de un pastor), no es definido, tangible o mensurable. Al no ser mensurable, el uso del dinero, como ostensible medida del valor, resulta inadecuado. La costumbre sancionaba que los alumnos llevaran a sus profesores dinero o bienes en diferentes épocas del año; pero éstos no eran vistos como pago sino como ofrendas, que ciertamente eran bienvenidas por sus receptores, puesto que eran por lo general hombres de calibre austero, orgullosos de su honorable pobreza, demasiado dignos para trabajar con sus manos y demasiado orgullosos para mendigar. Eran graves personificaciones de elevados espíritus impertérritos ante la adversidad. Constituían la representación de lo que se consideraba como el objetivo de todo aprendizaje y eran, por ello, un ejemplo viviente de la disciplina de las disciplinas: el autocontrol, requisito universalmente exigido en un samurái.

CAPÍTULO XI

EL AUTOCONTROL

La disciplina de la fortaleza, que por un lado inculca la resistencia sin queja y por otro enseña la cortesía, exigiéndonos no estropear el placer o la serenidad de otros mediante la expresión de nuestra propia tristeza o dolor, se combinaron para engendrar una mente estoica y finalmente para confirmar ese aparente estoicismo como una de nuestras características nacionales. Digo «aparente estoicismo» porque no creo que el verdadero estoicismo se pueda convertir nunca en la característica de toda una nación, y también porque algunas de nuestras formas y costumbres pueden parecer insensibles para un observador extranjero. No obstante, en realidad somos tan sensibles a las tiernas emociones como cualquier otra raza bajo el cielo.

Me inclino a pensar que en cierto sentido tenemos que sentir más que otros (sí, dos veces más), ya que el propio intento de reprimir los impulsos naturales supone sufrimiento. Imagínense a los chicos —y chicas también—, educados para no recurrir a las lágrimas ni a la expresión de ninguna queja para aliviar sus sentimientos. Existe un debate fisiológico sobre si tal esfuerzo endurece sus nervios o los hace más sensibles.

No se consideraba varonil que un samurái dejara entrever sus emociones en el rostro. «No muestra señal de alegría o cólera» era una frase usada para describir un gran carácter. Los afectos más naturales se mantenían bajo control. Un padre podía abrazar a su hijo sólo a expensas de su dignidad; un marido no besaría a su esposa, al menos no delante de otras personas, ¡independientemente de lo que hiciera en privado! Puede que haya algo de cierto en la observación de un ingenioso joven que decía: «Los maridos norteamericanos besan a sus mujeres en público y les pegan en privado; los maridos japoneses pegan a las suyas en público y las besan en privado».

La tranquilidad en el comportamiento y la serenidad de la mente no debían verse afectadas por pasión alguna de ningún tipo. Recuerdo que cuando, durante la última guerra con China, un regimiento salió de cierta ciudad, una gran multitud de gente acudió a la estación para despedirse del general y de su ejército. En aquella ocasión un residente norteamericano se acercó al lugar, esperando ser testigo de ruidosas muestras de afecto, ya que toda la nación en sí misma estaba muy excitada y entre el gentío había padres, madres, esposas y novias de los soldados. El norteamericano quedó extrañamente decepcionado, ya que cuando sonó el silbato y el tren comenzó a moverse, miles de personas se quitaron los sombreros y sus cabezas se inclinaron, despidiéndose de forma reverencial. No se agitaban pañuelos, no se expresaban palabras de despedida, sino un profundo silencio en el que un oído atento podría tal vez apreciar algunos sollozos entrecortados. En la vida doméstica también ocurría esto. Conozco la historia de un padre que pasaba noches enteras escuchando la respiración de su hijo enfermo desde detrás de la puerta, ¡sólo para que no le pillaran en un acto tal de debilidad paterna! También sé de una madre que en sus últimos momentos se abstuvo de hacer que llamaran a su hijo para no interrumpirle en sus estudios. Nuestra historia y nuestra vida cotidiana están repletas de ejemplos de mujeres heroicas que pueden compararse perfectamente con algunas de las páginas más conmovedoras de Plutarco. Entre nuestro campesinado, un Ian Maclaren podría estar seguro de encontrar a muchas Marget Howe.

Es a esta misma disciplina de la automoderación a la que se ha de atribuir la ausencia de manifestaciones más frecuentes encaminadas a despertar la fe en las iglesias cristianas en Japón. Cuando un hombre o una mujer siente el despertar de su alma a la fe, su primer instinto es evitar en silencio la manifestación de tal hecho. En raras ocasiones la lengua se libera por parte de un espíritu irresistible, cuando disponemos de la elocuencia de la sinceridad y del fervor. Animar a hablar con ligereza sobre la experiencia espiritual sería como dar alas a la infracción del tercer mandamiento. Resulta realmente discordante para oídos japoneses escuchar la mayoría de las palabras sagradas, las experiencias íntimas más secretas, expuestas ante cualquier tipo de audiencia. «¿Sientes que el fondo de tu alma se agita con tiernos pensamientos? Es hora de que broten las semillas. No la molestes con palabras, déjala trabajar a solas, en calma y en secreto», escribe un joven samurái en su diario.

Expresar con demasiadas palabras los pensamientos y sentimientos más íntimos, especialmente los religiosos, se considera entre nosotros una señal inequívoca de que no son ni muy profundos ni muy sinceros. «Aquel que —dice un proverbio—, cuando abre la boca, muestra el contenido de su corazón, es igual que una simple granada.»

En general, el hecho de que en el momento en que nuestras emociones se agitan intentemos cubrir nuestros labios con el fin de ocultarlas no se debe a la perversidad de las mentes orientales. El habla también suele ser para nosotros, como la describe un francés, «el arte de disimular el pensamiento».

Si visitamos a un amigo japonés en un momento de profunda aflicción, nos recibirá indefectiblemente sonriendo, con los ojos rojos o las mejillas húmedas. A primera vista puede uno pensar que se encuentra en un estado de histeria. Si le insistimos en pedirle alguna explicación, nos contestará con una serie de expresiones tópicas sin sentido: «Vivir es sufrir», «Los que se encuentran se han de despedir alguna vez», «Morirse forma parte de la vida», «Es una locura contar los años de un niño que se ha ido, pero el corazón de una mujer se deleitará en la locura» y otras similares. De modo que las nobles palabras del noble Hohenzollern, *Lerne zu leiden ohne Klagen**, habían encontrando muchas mentes receptivas entre nosotros mucho antes de que fueran pronunciadas.

Es cierto que los japoneses recurren a la risa cuando la fragilidad de la naturaleza humana se ve sometida a las pruebas más severas. Creo que poseemos mejores razones que el mismo Demócrito para nuestra tendencia abderitana, ya que la risa entre nosotros suele encubrir un esfuerzo por recuperar el equilibrio anímico cuando nos vemos afectados por cualquier circunstancia adversa. Es un contrapeso de la tristeza o la rabia.

Por tanto, al insistirse de tal manera en la represión de los sentimientos, éstos encuentran una válvula de escape en los aforismos poéticos. Un poeta del siglo X escribió: «En Japón, y China también, la humanidad, cuando se encuentra triste, expresa su amarga pena en verso». Una madre que intenta consolar su corazón roto, imaginando que su hijo fallecido está ausente, persiguiendo libélulas, como de costumbre, tararea:

¡Cuán lejos hoy en su persecución, me pregunto,
ha ido mi cazador de libélulas!

Me abstengo de citar más ejemplos, ya que soy consciente de la escasa justicia que podría hacer a las perlas de nuestra literatura si tuviera que traducir a una lengua extranjera los pensamientos extraídos gota a gota de corazones sangrantes y ensartados en collares del

---

* «Aprende a sufrir sin quejarte». *(N. del T.)*

valor más excepcional. Espero haber mostrado en cierta medida ese trabajo interior de nuestras mentes, que a menudo presenta una apariencia de insensibilidad o de una mezcla histérica de risa y abatimiento, y cuya sensatez es puesta a veces en duda.

También se ha sugerido que nuestra resistencia al dolor y nuestra indiferencia ante la muerte se deben a que poseemos nervios menos sensibles. Esto resulta plausible así, dicho tal cual. La siguiente pregunta sería: ¿Por qué nuestros nervios tienen una menor tensión en su disposición? Puede que nuestro clima no sea tan estimulante como el norteamericano. Puede que sea nuestra forma monárquica de gobierno la que no nos excita tanto como la República a los franceses. Puede ser que no leamos *Sartor Resartus* con el fervor que lo lee un inglés. Personalmente, creo que fue nuestra gran excitabilidad y sensibilidad la que hizo que existiera la necesidad de reconocer y reforzar una autorrepresión constante. Pero sea cual sea la explicación, ninguna habrá correcta si no se tienen en cuenta los muchos años de disciplina en el autocontrol.

Es fácil llevar la disciplina en el autocontrol demasiado lejos. Puede reprimir la corriente cordial del alma. Puede hacer que las naturalezas más maleables caigan en distorsiones y monstruosidades. Puede engendrar intolerancia, alimentar hipocresía o aletargar los afectos. Por noble que sea una virtud, siempre tiene su contrapartida y su falsificación. Tenemos que reconocer en cada virtud su propia excelencia positiva y perseguir su ideal positivo, y el ideal de autodominio es mantener la estabilidad mental, según nuestra expresión, o si tomamos prestado un término griego, alcanzar el estado de *eutimia**, que Demócrito valoró como el bien más elevado.

Lo más sublime y el punto más álgido del autocontrol se alcanza y se puede ilustrar mejor en la primera de las dos instituciones que trataremos a continuación, es decir, las instituciones del suicidio y de la reparación de ofensas.

---

* Estado de sosiego y paz. *(N. del T.)*

CAPÍTULO XII

LAS INSTITUCIONES DEL SUICIDIO Y DE LA REPARACIÓN DE OFENSAS

Sobre estas dos instituciones (la primera, conocida como *hara-kiri*, y la segunda, conocida como *kataki-uchi*) han escrito ya muchos autores extranjeros con mayor o menor profundidad.

Antes de comenzar a tratar el suicidio, permítanme aclarar que limitaré mis observaciones sólo al *seppuku* o *kappuku*, popularmente conocido como *hara-kiri*, que significa autoinmolación por destripamiento. «¿Abrirse el abdomen? ¡Qué absurdo!», claman aquellos a quienes el nombre les resulta nuevo. Por extraño que pueda parecer en un primer momento para oídos extranjeros, no debería resultar muy raro para los estudiantes de Shakespeare, quien pone estas palabras en boca de Bruto: «Tu espíritu [el de César] camina por lugares foráneos y vuelve nuestras espadas contra nuestras propias entrañas». Escuchemos a un poeta inglés moderno que, en su *Light of Asia*, habla de una espada que atraviesa las entrañas de una reina; nadie le culpa por su mal inglés o por su falta de recato. O, para tomar aún otro ejemplo, observemos el cuadro de Guercino que representa la muerte de Catón en el Palazzo Rosa, en Génova. Nadie que haya leído la canción del cisne que Addison le hace cantar a Catón podrá burlarse de la espada semienterrada en su abdomen. En nuestras mentes esta forma de morir se asocia con ejemplos de las más nobles hazañas y se caracteriza por el patetismo más conmovedor, de modo que no conlleva consigo nada repugnante, y mucho menos ridículo, que nos estropee el concepto que tenemos de ello. Es tan maravillosa la fuerza transformadora de la virtud, de la grandeza, de la ternura, que la forma más vil de morir asume un carácter de sublimidad y se convierte en un símbolo de una nueva vida. De lo contrario, ¡la señal que contemplara Constantino no habría conquistado el mundo!

El hecho de que el *seppuku* carezca en nuestra mente de cualquier traza de ridiculez no se debe sólo a asociaciones externas, puesto que la elección de esta parte del cuerpo en concreto se basaba en una antigua creencia anatómica de que allí se asentaban el alma y los afectos. Cuando Moisés escribió sobre José, refiriéndose a cómo sus «entrañas suspiraban por su hermano», o David rogaba al Señor que no olvidara sus entrañas, o cuando Isaías, Jeremías y otros inspirados hombres de la antigüedad hablaban de la «resonancia» o de la «preocupación» de las entrañas, todos ellos respaldaban la creencia preponderante entre los japoneses de que en el abdomen se encontraba ubicada el alma. Los semitas solían hablar del hígado y los riñones, y de la grasa que los rodea, como el lugar donde residían las emociones y la vida. El término *hara* era más amplio que el término griego *phren* o *thumos*, y los japoneses, al igual que los helenos, pensaban que el espíritu del hombre moraba en alguna parte de esa región. Tal noción no está en absoluto limitada a los pueblos de la antigüedad. Los franceses —a pesar de la teoría propuesta por uno de sus más distinguidos filósofos, Descartes, de que el alma está localizada en la glándula pineal— aún insisten en usar el término *ventre* en un sentido que, si bien es anatómicamente muy poco preciso, resulta significativo, no obstante, desde el punto de vista fisiológico. De modo similar, *entrailles* se usa en su idioma para referirse al afecto y a la compasión. Tampoco una creencia de este tipo es una mera superstición; es más científica que la idea general de convertir el corazón en el centro de los sentimientos. Sin necesidad de preguntar a un fraile, los japoneses sabían mejor que Romeo «en qué parte vil de esta anatomía se aloja el nombre de uno». Los neurólogos modernos hablan de cerebros abdominales y pélvicos, refiriéndose con ello a centros nerviosos simpáticos en aquellas partes que se ven fuertemente afectados por cualquier acción psíquica. Una vez admitido este punto de vista de la fisiología mental, el silogismo de *seppuku* es fácil de construir. «Abriré la morada de mi alma y te mostraré cuál es su estado. Ved por vosotros mismos si está contaminada o limpia.»

No deseo que se entiendan mis palabras como una justificación religiosa o incluso moral del suicidio, pero la alta estima adjudicada al honor era una excusa más que suficiente para muchos para quitarse la vida. ¡Cuántos habrán coincidido con el sentimiento expresado por Garth y habrán rendido sonrientes sus almas al olvido!:

> Cuando el honor esta perdido, es un alivio morir;
> la muerte no es sino un refugio seguro ante la infamia.

La muerte por una cuestión de honor era aceptada en el bushido como una llave para solucionar muchos problemas complejos, de manera que para un samurái ambicioso la salida natural de la vida le parecía algo más bien insulso y, por tanto, no era una consumación que deseara con demasiado fervor. Me atrevo a afirmar que muchos buenos cristianos, si fueran suficientemente honestos, confesarían su fascinación, si no su positiva admiración, por la sublime compostura con la que Catón, Bruto, Petronio y una gran cantidad de personas respetables de la antigüedad pusieron fin a sus propias existencias terrenales. ¿Es demasiado imprudente afirmar que la muerte del primero de los filósofos fue en parte suicida? Cuando sus discípulos nos cuentan tan detalladamente cómo su maestro se sometió voluntariamente al mandato del Estado, que él sabía moralmente erróneo, a pesar de las posibilidades de huir, y cómo tomó la copa de cicuta con su propia mano, incluso ofreciendo una libación de su mortal contenido, ¿acaso no deducimos de su comportamiento un acto de autoinmolación? No hay aquí ninguna coacción física, como en los casos ordinarios de ejecución. Aunque es cierto que el veredicto de los jueces era obligatorio; decía: «Morirás y lo harás por tu propia mano». Si «suicidio» no significaba más que morir por propia mano, Sócrates fue un claro caso de suicidio. Pero nadie le podría acusar de tal crimen; Platón, que era contrario a ello, no diría nunca que su maestro era un «suicida».

Ahora comprenderán mis lectores que *seppuku* no era un mero proceso de suicidio. Era una institución legal y ceremonial. Una invención de la Edad Media, un proceso por el que los guerreros podían expiar sus crímenes, excusar sus errores, escapar de la deshonra, redimir a sus amigos o probar su sinceridad. Cuando se imponía como castigo legal, se practicaba con la debida ceremonia. Constituía un refinamiento de la autodestrucción, y nadie podía representarlo sin la mayor frialdad de carácter y serenidad de comportamiento, y por estas razones resultaba particularmente adecuada a la profesión de *bushi*.

Aunque sólo sea por curiosidad de anticuario, estaría tentado a ofrecer aquí una descripción de esta obsoleta ceremonia; pero al ver que tal descripción ya fue realizada por un escritor mucho más capaz que yo, cuyo libro no es muy leído hoy día, estoy tentado de hacer una cita algo más larga de lo habitual. Mitford, en sus *Tales of Old Japan*, después de traducir un tratado sobre el *seppuku* extraído de un raro manuscrito japonés, continúa describiendo un ejemplo de tal ejecución, de la que fue testigo:

Nos invitaron (a siete representantes extranjeros) a seguir a los testigos japoneses al interior del *hondo* o sala principal del templo, donde la ceremonia iba a tener lugar. Era un escenario imponente. Una gran sala con un techo alto sostenido por oscuros pilares de madera. Desde el techo colgaban en profusión esas enormes lámparas doradas y ornamentos típicos de los templos budistas. En frente del altar mayor, donde el suelo, cubierto de bonitas esterillas blancas, estaba elevado unos diez centímetros, se había colocado una alfombra de fieltro escarlata. Unas velas largas situadas a intervalos regulares transmitían una luz tenue y misteriosa, pero suficiente para permitir la visión de todo el proceso. Los siete japoneses ocuparon sus lugares a la izquierda de la tarima, los siete extranjeros a la derecha. No había nadie más presente.

Tras el intervalo de unos pocos minutos de ansioso suspense, Taki Zenzaburo, un hombre fornido de treinta y dos años de edad, con un aire noble, entró en la sala ataviado con su traje de ceremonias, con las características alas de tela de cáñamo que se llevan en las grandes ocasiones. Estaba acompañado por un *kaishaku* y tres oficiales que llevaban el *jimbaori* o capa de guerra forrado con tejido de oro. Debe tenerse en cuenta que la palabra *kaishaku* no es un término equivalente a nuestra palabra *verdugo*. Tal función la lleva a cabo un caballero; en muchos casos la realiza un pariente varón o un amigo del condenado, y la relación entre ellos es más bien la del oficial y su segundo al mando que la de víctima y verdugo. En esta ocasión, el *kaishaku* era un alumno de Taki Zenzaburo y había sido elegido por amigos de éste último por su habilidad con la espada.

Con el *kaishaku* a su izquierda, Taki Zenzaburo avanzó lentamente hacia los testigos japoneses y ambos se inclinaron ante ellos; luego, acercándose hacia los extranjeros, nos saludaron de la misma manera, tal vez incluso con más deferencia; en cada caso el saludo fue devuelto ceremoniosamente. Lentamente y con gran dignidad, el condenado ascendió la tarima, se postró ante el altar mayor dos veces y se sentó [18] sobre la alfombra de fieltro, dando la espalda al altar mayor y con el *kaishaku* agachado a su izquierda. Uno de los tres oficiales asistentes se adelantó, portando una especie de atril como los que se usan en el templo para las ofrendas, sobre el que, envuelto en papel, se encontraba el *wakizashi*, la espada corta o daga de los japoneses, de unos veinticinco centímetros de longitud, con una punta y una hoja tan afilados como una cuchilla de afeitar. Postrándose, se lo entregó al condenado, quien lo recibió con reverencia, lo elevó hasta la altura de su cabeza con ambas manos y lo colocó finalmente delante de él.

Después de otra profunda reverencia, Taki Zenzaburo, con una voz que delataba la emoción y la vacilación que podría esperarse de un hombre que está haciendo una dolorosa confesión, pero sin dar señal de ello ni en su cara ni en sus maneras, dijo lo siguiente:

«Yo, y sólo yo, di injustificadamente la orden de disparar sobre los extranjeros en Kobe, y volvía a hacerlo cuando intentaron escapar. Por este crimen me abriré el vientre, y ruego a los presentes que me hagan el honor de ser testigos de este acto.»

Inclinándose una vez más, el orador dejó que sus prendas superiores se deslizaran hasta la faja, quedando desnudo hasta la cintura. Con sumo cuidado, según la costumbre, metió las mangas debajo de las rodillas para evitar caer hacia atrás; ya que un caballero noble japonés debe morir cayendo hacia delante. Pausadamente, tomó con mano firme la daga que yacía delante de él; la miró melancólicamente, casi con afecto; por un momento pareció aclarar sus ideas por última vez, y a continuación se asestó una profunda puñalada bajo el nivel de la cintura, en el lado

---

[18] «Se sentó», es decir, a la manera japonesa, con las rodillas y los dedos tocando el suelo y su cuerpo descansando sobre los tobillos. En esta posición, con la que se muestra respeto, permaneció hasta su muerte.

izquierdo; tiró de la daga lentamente hacia la derecha y, girándola en la herida, siguió con un ligero corte ascendente. Durante esta operación tan terriblemente dolorosa, nunca movió un músculo de la cara. Cuando extrajo el puñal se inclinó hacia delante y estiró el cuello; una expresión de dolor apareció por primera vez en su rostro, pero no emitió ningún sonido. En ese momento el *kaishaku*, que hasta entonces había estado agachado a su lado y siguiendo con atención cada movimiento, se puso de pie, levantó la espada y la dejó suspendida en el aire por un segundo; fue un instante, un ruido sordo, pesado y desagradable, y algo cayó estruendosamente; de un golpe la cabeza había sido seccionada del cuerpo.

Siguió un silencio mortal, interrumpido sólo por el ruido espantoso de la sangre saliendo a borbotones de aquel cuerpo inerte ante nosotros, que un momento antes había sido un hombre caballeroso y valiente. Fue horrible.

El *kaishaku* hizo una profunda reverencia, limpió su espada con un trozo de papel que tenía preparado para tal fin y se retiró del entarimado. Se recogió solemnemente la daga ensangrentada como prueba de sangre de la ejecución.

Los dos representantes del Mikado* abandonaron sus lugares y, cruzando hacia donde estábamos los testigos extranjeros, nos pidieron que atestiguáramos que la sentencia de muerte de Taki Zenzaburo se había llevado a cabo fielmente. De este modo, habiendo concluido la ceremonia, salimos del templo.

Podría extraer innumerables descripciones de *seppuku* de la literatura o de los relatos de testigos presenciales; pero una más será suficiente.

---

* Término que se refiere al emperador. *(N. del T.)*

Dos hermanos, Sakon y Naiki, de veinticuatro y diecisiete años de edad respectivamente, intentaron matar a Iyéyasu con el fin de vengar las injusticias cometidas contra su padre; pero antes de que pudieran entrar en el campamento fueron hechos prisioneros. El viejo general admiraba el valor de los jóvenes que se atrevieron a atentar contra su vida y ordenó que se les permitiera morir honorablemente. El hermano de los condenados, Hachimaro, un niño de apenas ocho veranos, tendría el mismo destino, ya que la sentencia se había dictado contra todos los miembros varones de la familia, por lo que los tres fueron llevados a un monasterio donde la misma se ejecutaría. Un médico que estuvo presente en tal ocasión nos ha dejado un diario, del que traduzco la siguiente escena:

    Cuando todos estuvieron sentados en fila, dispuestos para la ejecución, Sakon se giró hacia el hermano pequeño y dijo: «Ve tú primero, pues deseo asegurarme de que lo haces correctamente». A lo que el pequeño contestó que, como nunca había presenciado un acto de *seppuku*, le gustaría ver a sus hermanos hacerlo y luego él lo haría a continuación. Los hermanos mayores sonrieron entre lágrimas. «¡Bien dicho, muchacho! Puedes presumir bien de ser hijo de nuestro padre.» Tras colocarle entre ellos, Sakon clavó la daga en el lado izquierdo de su abdomen y dijo: «¡Mira, hermano! ¿Comprendes ahora? No empujes demasiado la daga, pues podrás caerte hacia atrás. Inclínate más bien hacia delante y mantén las rodillas bien serenas». Naiki actuó de igual manera y dijo al muchacho: «Mantén los ojos abiertos, de lo contrario parecerás una mujer moribunda. Si tu daga tropieza con algo y te fallan las fuerzas, ten coraje y redobla tu esfuerzo para cortar hacia el otro lado». El chico miró a uno y al otro, y, cuando ambos hubieron expirado, se desnudó la mitad del cuerpo con tranquilidad y siguió el ejemplo que le habían dado.

La glorificación del *seppuku* inducía a que surgiesen no pocas tentaciones de llevarlo a cabo de manera injustificada, por causas completamente incompatibles con la razón o por razones en absoluto merecedoras de la muerte; había jóvenes demasiado impetuosos que corrían hacia ello como los insectos vuelan hacia un fuego. Los motivos más variados y dudosos llevaron a más samuráis a cometer esta clase de hazañas que a monjas tras las puertas de los conventos. La vida no valía mucho, según reconocía el estándar popular del honor. Lo más triste era que el honor, que estaba siempre en el *agio**, por decirlo así, no siempre equivalía a oro puro, sino que muchas veces estaba aleado con metales comunes. ¡Ningún círculo del infierno presumirá de mayor densidad de población japonesa que el séptimo, aquel que Dante asignaba a todas las víctimas de la autodestrucción!

Y aun así, para un verdadero samurái, tanto apresurarse a morir como cortejar a la muerte denotaban de igual modo cobardía. Cualquier guerrero típico, aun cuando perdiera una batalla tras otra y fuera perseguido desde las llanuras a las colinas y desde los montes a las cavernas, y se encontrara hambriento y solo en el oscuro hueco de un árbol, con su espada mellada por el uso, el arco roto y sin flechas —¿acaso no cayó el más nobles de los romanos ante su propia espada en Filipos bajo circunstancias similares?—, consideraría cobarde morir; con una fortaleza cercana a la de un mártir cristiano, se daría ánimos con un verso improvisado:

> ¡Venid! ¡Venid eternamente,
> tristezas y dolores terribles!,
> y amontonaos sobre mi cargada espalda;
> ¡que no me falten ocasiones de probar
> cuántas fuerzas quedan en mí!

Ésta era, pues, la enseñanza del bushido: soportar y enfrentarse a todas las calamidades y adversidades con paciencia y con una con-

---

* Sobretasa o beneficio. *(N. del T.)*

ciencia pura, ya que, como enseñó Mencio: «Cuando el Cielo está a punto de conferir una importante misión a un hombre, primero ejercita su mente con el sufrimiento y sus huesos y nervios con el esfuerzo; expone su cuerpo al hambre y lo somete a la pobreza extrema y frustra sus empresas. De esta manera estimula su mente, fortalece su carácter y suple sus defectos». El verdadero honor reside en cumplir con el decreto del Cielo, y, por tanto, ninguna muerte que tenga lugar en ese contexto resulta ignominiosa, ¡mientras que la muerte en la que se incurre para evitar lo que el Cielo tenía previsto es ciertamente cobarde! En ese pintoresco libro de sir Thomas Browne, *Religio Medici*, hay un equivalente exacto en inglés para lo que se enseña repetidamente en nuestros preceptos. Permítanme citarlo: «Es un valiente acto de valor despreciar la muerte, pero donde la vida es más terrible que la muerte, atreverse a vivir es una muestra más auténtica de valor». Un famoso sacerdote del siglo XVII afirmó satíricamente: «Digan lo que digan, un samurái que nunca ha muerto es capaz, en momentos decisivos, de huir o de esconderse». O en otra ocasión dice: «A aquel que ha muerto una vez en el fondo de su pecho, no hay lanza de Sanada ni flechas de Tametomo que puedan atravesarle».

¡Cuán cerca estamos de los portales del templo cuyo Constructor sentenció: «Aquel que pierde la vida por mí, la encontrará»! Éstos son algunos de los numerosos ejemplos que tienden a confirmar la identidad moral de la especie humana, a pesar del intento que tan a menudo se hace de querer establecer una distinción lo más grande posible entre cristianos y paganos.

Hemos visto, pues, que, en el bushido, la institución del suicidio no era ni tan irracional ni tan bárbara como su abuso puede darnos a entender a simple vista. Ahora veremos si su institución hermana, la de la reparación de ofensas (llámenla «venganza», si prefieren) tiene sus rasgos atenuantes. Espero poder tratar esta cuestión en pocas palabras, ya que una institución similar, llámese «costumbre» si se prefiere, ha prevalecido entre todos los pueblos y aún sigue vigente, como avala el hecho de que se continúen celebrando duelos y linchamientos. ¿Por qué? ¿No ha retado acaso recientemente un capitán norteamericano a Esterhazy para vengar las injusticias sufridas por Dreyfus? Entre una tribu salvaje que no conoce la institución del matrimonio, el adulterio no es un pecado, y sólo los celos del amante protegen a la mujer de los abusos; así, en una época en la que no existieran tribunales de justicia, el asesinato no sería un crimen y sólo la venganza vigilante de la gente cercana a la víctima preservaría el orden social. «¿Qué es lo más bello que hay sobre la tierra?», dijo Osiris a Horus. La respuesta fue: «Vengar las injusticias cometidas contra los padres». Un japonés habría añadido: «y contra el señor».

En la venganza hay algo que satisface el sentido que uno posee de la justicia. Las razones del vengador pueden ser: «Mi buen padre no se merecía morir. El que lo mató cometió una gran maldad. Mi padre, si estuviera vivo, no toleraría un acto como éste. El cielo mismo odia que se cometan injusticias. Es el deseo de mi padre, es el deseo del Cielo, que el causante del mal no vuelva a repetirlo. Ha de perecer por mi mano, porque ha derramado la sangre de mi padre. Yo, que soy su sangre y su carne, debo verter la del asesino. El mismo cielo no puede darle cobijo a él y a mí a la vez». El razonamiento es simple e infantil —aunque sabemos que Hamlet tampoco razonó mucho más profundamente—; sin embargo, muestra un sentido innato del equilibrio exacto y de la justicia equitativa. «Ojo por ojo, diente por diente.» Nuestro sentido de la venganza es tan exacto como nuestra capacidad matemática y hasta que no se completen ambos términos de la ecuación no podremos superar la sensación de que algo se ha quedado a medias.

En el judaísmo, que creía en un Dios celoso, o en la mitología griega, que aportaba a su Némesis, la venganza se podía dejar en manos de agentes sobrehumanos. Pero el sentido común proporcionó al bushido la institución de la reparación de ofensas como una especie de tribunal ético para la equidad, en el que el pueblo podía presentar casos que no se habían de juzgar con las leyes ordinarias. El señor de los cuarenta y siete *ronin* fue condenado a muerte; no tenía ningún tribunal de instancia superior al que apelar. Sus fieles servidores optaron por la venganza, único «tribunal supremo» existente; ellos a su vez fueron condenados por las leyes ordinarias, pero el instinto popular emitió una sentencia diferente y por ello aún se conserva su memoria, tan verde y fragante como sus tumbas en Sengakuji hasta el día de hoy.

Aunque Lao-tse enseñó a recompensar el daño con amabilidad, la voz de Confucio era mucho más alta cuando enseñaba que el daño se debe recompensar con justicia; aun así, la venganza sólo se justificaba cuando se emprendía en defensa de nuestros superiores o benefactores. Las injusticias cometidas contra uno, incluyendo los daños hechos a esposa e hijos, habían de soportarse y perdonarse. Un samurái, por tanto, podría simpatizar completamente con el juramento de Aníbal de vengar las injusticias cometidas contra su país, pero desdeñaría a James Hamilton por llevar en su cinturón un puñado de la tierra de la tumba de su esposa a modo de eterno incentivo para vengarla de los agravios que le causara el regente Murray.

Estas dos instituciones, el suicidio y la reparación de ofensas, perdieron su *raison d'être* cuando se promulgó el Código Penal. Ya no oímos hablar de aventuras románticas como las de una hermosa doncella que, disfrazada, sigue la pista del asesino de sus padres. Ya no podemos ser testigos de tragedias familiares debidas a una *vendetta*. La caballería errante de Miyamoto Musashi es hoy ya un cuento del pasado. Una Policía bien organizada espía al criminal en favor de la parte que ha sufrido el daño y la ley reparte justicia. Todo el Estado y la sociedad verán que se ha corregido la injusticia. Queda satisfecho el sentido de la justicia, no habrá necesidad de *kataki-uchi*. Si esto hubiera significado esa «hambre del corazón que se alimenta de la esperanza de saciarse con la sangre de la víctima», como un teólogo de Nueva Inglaterra lo ha descrito, no bastarían unos pocos párrafos del Código Penal para acabar con ello completamente.

En cuanto al *seppuku*, aunque tampoco tenga existencia *de jure*, todavía oímos hablar de ello de vez en cuando, y continuaremos oyendo hablar, me temo, mientras permanezca el recuerdo del pasado. Se pondrán de moda muchos métodos indoloros y rápidos de autoinmolación, ya que sus partidarios se están extendiendo con una terrible rapidez por todo el mundo; pero el profesor Morselli tendrá que admitir que el *seppuku* ocupa una posición aristocrática entre todos ellos. Él sostiene que «cuando el suicidio se lleva a cabo por medios muy dolorosos o a costa de una agonía prolongada, en noventa y nueve casos de cien se puede atribuir al comportamiento de una mente trastornada por el fanatismo, por la locura o por la excitación patológica»[19]. Pero un *seppuku* normal no ofrece indicios de fanatismo, ni de locura ni de excitación; al contrario, se requiere una extrema *sang froid** para realizarlo con éxito. De los dos tipos en los que el doctor Strahan[20] divide el suicidio, el racional o cuasisuicidio, y el irracional o verdadero suicidio, el *seppuku* constituye el mejor ejemplo del primer tipo.

De las dos sangrientas instituciones tratadas en este capítulo, así como del contenido general del bushido, es fácil inferir que la espada jugaba una parte importante en la disciplina social y en la vida. El dicho que calificaba a la espada como «el alma del samurái» ha pasado a convertirse en un axioma.

---

[19] Morselli, *Suicide*, pág. 314.
* Sangre fría. *(N. del T.)*
[20] *Suicide and Insanity*.

CAPÍTULO XIII

LA ESPADA, EL ALMA DEL SAMURÁI

El bushido hizo de la espada su emblema de poder y valor. La frase, en la que Mahoma proclamó que «la espada es la llave del cielo y del infierno» es fiel reflejo del sentimiento japonés. El niño samurái aprendía muy pronto a blandir la espada. Era para él una ocasión memorable cuando a la edad de cinco años se le ataviaba con toda la parafernalia del traje samurái, se le colocaba sobre un tablero de go[21] y se le iniciaba en los derechos de la profesión militar, ciñéndole al cinto una espada de verdad en lugar de la daga de juguete con la que venía jugando. Después de esta primera ceremonia de *adoptio per arma*, nunca más se le veía fuera de la casa de su padre sin esta insignia de su estatus, aunque en su vestimenta cotidiana se sustituyera habitualmente por una daga dorada de ma-

---

[21] El juego del go se llama a veces «damas japonesas», pero es mucho más complicado que dicho juego inglés. El tablero del go contiene 361 casillas y se supone que representa un campo de batalla. El objetivo del juego es ocupar la mayor cantidad de espacio posible.

dera. En pocos años pasará a llevar constantemente una de acero genuino, aunque sin filo, y —dejando las armas falsas a un lado y con un entusiasmo más afilado que las hojas recién adquiridas— saldrá a poner a prueba su hoja sobre la madera o la piedra. Cuando alcanza el estado de adulto, a los quince años, se le otorga independencia de acción, pudiendo entonces enorgullecerse de poseer armas suficientemente afiladas para cualquier acción. La mera posesión del peligroso instrumento le confiere un aire de respeto hacia sí mismo y de responsabilidad. «No porta la espada en vano.» Lo que lleva en su cinturón es un símbolo de lo que lleva en su mente y en su corazón: la lealtad y el honor. Las dos espadas, la más larga y la más corta, llamadas respectivamente *daito* y *shoto* o *katana* y *wakizashi*, nunca se separan de él. Cuando está en casa, honran el lugar más destacado de su estudio o salita de estar; por la noche guardan su almohada, situadas al alcance de su mano. Como compañeras constantes, reciben el aprecio del samurái y un nombre adecuado como expresión de ese cariño. Son veneradas hasta el punto de convertirse casi en objeto de culto. El Padre de la Historia* ha documentado una curiosa información de que los escitas hacían sacrificios ante una cimitarra de hierro. Muchos templos y muchas familias en Japón atesoran una espada como objeto de adoración. Incluso la daga más común recibía el respeto debido. Cualquier insulto dirigido a ella equivalía a una afrenta personal. ¡Ay de aquel que pisa por descuido un arma que se encuentre en el suelo!

Un objeto tan precioso no puede escapar durante mucho tiempo a la atención y a la habilidad de los artistas ni a la vanidad de su propietario, especialmente en tiempos de paz, cuando se porta con una finalidad no muy diferente a la del báculo de un obispo o a la del cetro de un rey. La piel de tiburón y la seda más fina para la empuñadura, plata y oro para la guarda y laca de varias tonalidades para la vaina ro-

---

* Referencia a Herodoto. *(N. del T.)*

baban la mitad de su terror al arma más mortífera; pero todos estos adornos eran simples juguetes comparados con la hoja en sí.

El forjador de espadas no era un mero artesano, sino un artista inspirado, cuyo taller era un santuario. Todos los días comenzaba su actividad con oraciones y purificaciones o, como solía decirse, «se comprometía en cuerpo y alma con el forjado y templado del acero». Cada vaivén del mazo, cada inmersión en agua, cada pasada de la piedra de afilar constituía un acto religioso de no poca importancia. ¿Quizá el espíritu del maestro o de su dios tutelar lanzaba un hechizo formidable sobre nuestra espada? Perfecta como una obra de arte, desafiando a sus rivales de Toledo y Damasco, llevaban consigo más de lo que el arte era capaz de conferir. Su fría hoja, que recoge en su superficie el vapor del ambiente en el momento de extraerla de su vaina; su inmaculada textura emitiendo reflejos de tonos azulados; su filo incomparable, del que penden historias y posibilidades; la curvatura de su forma unificando una gracia exquisita con una fuerza extrema... Todo esto nos emociona y hace experimentar sentimientos encontrados de poder y belleza, de sobrecogimiento y terror. ¡Su misión sería inofensiva si sólo fuera objeto de belleza y alegría! Pero, estando siempre al alcance de la mano, la tentación de abusar de ella era grande. La hoja se mostraba con demasiada frecuencia fuera de su pacífica vaina. El abuso a veces llegaba tan lejos como para probar el acero recién adquirido en el cuello de alguna criatura inofensiva.

La cuestión que más nos preocupa es, sin embargo ésta: ¿justificaba el bushido el uso promiscuo de tal arma? La respuesta es inequívocamente ¡no! De igual modo que se hacía un enorme hincapié en su uso adecuado, se denunciaba y detestaba su mal uso. Se consideraba cobarde o fanfarrón a aquel que blandía su espada en ocasiones que no lo merecían. Un hombre que sabe dominarse sabe cuándo es el momento adecuado para usarla, y momentos así se dan raras veces. Escuchemos al último conde Katsu, que vivió en una de las épocas más turbulentas de nuestra historia, cuando los asesinatos, los suicidios y otras prácticas sanguinarias estaban a la orden del día. Provisto como estuvo de poderes casi dictatoriales, repetidamente blanco de atentados contra su vida, nunca manchó su espada de sangre. Al relatarle algunos de sus recuerdos a un amigo, dice de una forma pintoresca y campechana, muy típica de él: «Me desagrada enormemente matar gente, y por ello no he matado a un solo hombre. He liberado a aquellos cuyas cabezas debieran haber sido cortadas. Un amigo me dijo un día: "No matas lo suficiente. ¿Es que no comes pimientos y berenjenas?" ¡Bueno, algunos nunca aprenden! Pero ya ven que ese individuo fue asesinado. Puede que yo me haya librado de ello debido a mi aversión a matar. Tenía la empuñadura de mi espada tan fuertemente sujeta a la vaina que era difícil de extraer. Tomé la determinación de que aunque me cortaran, yo no cortaría. ¡Sí, sí! Algunas personas son como pulgas y mosquitos, y pican, pero ¿qué importancia tiene su picadura? Escuece un poco, eso es todo, pero no peligra la vida por ello». Éstas son las palabras de alguien cuyo entrenamiento en bushido se puso a prueba en el horno abrasador de la adversidad y el triunfo. El dicho popular «Ser vencido es conquistar», que significa que la verdadera conquista consiste en no oponerse a un enemigo desenfrenado; el que dice: «La victoria mejor conseguida es la obtenida sin derramamiento de sangre», y otros similares, muestran que, después de todo, el ideal supremo de la caballería era la paz.

Fue una gran pena que este elevado ideal se limitara exclusivamente a los sermones de sacerdotes y moralistas, mientras que los samuráis continuaban practicando y ensalzando los aspectos marciales del mismo. En este punto, llegaron al extremo de teñir los ideales de la femineidad con el carácter propio de las amazonas. A continuación, será de utilidad dedicar unos cuantos párrafos al tema del entrenamiento y la posición de la mujer.

CAPÍTULO XIV

EL ENTRENAMIENTO Y LA POSICIÓN DE LA MUJER

La mitad femenina de nuestra especie ha dado en llamarse a veces «dechado de paradojas», debido a que la forma intuitiva de trabajar de su mente está más allá de la comprensión de la forma «aritmética de entendimiento» que tienen los hombres. El ideograma chino que significa «lo misterioso», «lo desconocido», consiste en dos partes, una que significa «joven» y la otra «mujer», debido a que los encantos físicos y delicados pensamientos del bello sexo están por encima de lo que puede explicar el tosco calibre mental de nuestro sexo.

En el ideal que tiene el bushido de la mujer, sin embargo, hay poco misterio y tan sólo una aparente paradoja. He dicho que se le imprimía un carácter de amazona, pero ésa es sólo una media verdad. En la escritura china se representa la palabra «esposa» mediante una mujer que sujeta una escoba, ciertamente no para blandirla ofensiva o defensivamente contra su aliado conyugal ni para ejercer la brujería, sino para el uso más inofensivo para el que se inventó; la idea básica es, por ello, no menos hogareña que la derivación etimológica de donde procede la palabra inglesa *wife*, «esposa» (*weaver*, «tejedora») y *daughter*, «hija» (*dubitar*, lechera). Sin llegar a limitar la esfera de la actividad de la mujer a la *Küche, Kirche, Kinder**, como se dice que ha hecho el actual emperador alemán, el ideal bushido de la femineidad era fundamentalmente doméstico. Estas aparentes contradicciones —tener rasgos domésticos y amazónicos— no son incompatibles con los preceptos de la caballería, como veremos más adelante.

Siendo el bushido una enseñanza originalmente dirigida al sexo masculino, las virtudes que valoraba en la mujer se encontraban, naturalmente, lejos de ser claramente femeninas. Winckelmann destaca que «la belleza suprema del arte griego es más bien masculina que femenina», y Lecky añade que eso era tan cierto en el arte como en la concepción moral griega. De forma similar, el bushido alababa especialmente a aquellas mujeres «que se emancipaban de la fragilidad de su sexo y hacían gala de una fortaleza heroica digna del más fuerte y valiente de los hombres[22]». Por consiguiente, a las chicas jóvenes se las entrenaba para que reprimieran sus sentimientos, para endurecer los nervios, para manejar armas, en especial la espada de larga empuñadura llamada *nagi-nata*, para ser capaces de defenderse frente a situaciones inesperadas. No obstante, el motivo principal de este ejercicio del carácter marcial no era aplicarlo en el campo de batalla; la finalidad era doble: personal y doméstica. Al no tener la mujer ningún señor soberano para su propia protección, ella era su propio guardaespaldas. Con su arma protegía su inviolabilidad personal con el mismo celo que su marido protegía la de su señor. La utilidad doméstica de su entrenamiento marcial se dirige a la educación de sus hijos, como veremos más adelante.

La esgrima y ejercicios similares, aunque raramente fueran de

---

* Cocina, iglesia, niños. *(N. del T.)*
[22] Lecky, *History of European Morals*, II, pág. 383.

utilidad, eran un sano contrapeso para los, por lo demás, sedentarios hábitos de las mujeres. Pero estos ejercicios no se realizaban sólo con fines higiénicos. También podía hacerse uso de ellos en tiempos de necesidad. A las chicas, cuando alcanzaban la edad fértil, se las presentaba en sociedad con *kai-ken* (daga de bolsillo de hoja delgada), que podría dirigirse contra el pecho de sus asaltantes o, si era necesario, contra el suyo propio. Esto último sucedía con mucha frecuencia, y aun así, no las juzgaré severamente. Incluso la conciencia cristiana, con su horror ante la autoinmolación, no será dura con ellas, pues Pelagia y Dominina, dos suicidas, fueron canonizadas por su pureza y piedad. Cuando una Virginia japonesa veía amenazada su castidad, no esperaba a la daga de su padre. Llevaban siempre su propia arma ceñida a su pecho. Era una deshonra para mujer no saber la forma correcta de perpetrar su autodestrucción. Por ejemplo, por poco que le enseñaran de anatomía, había de saber el punto exacto donde cortarse la garganta; debía saber cómo atarse las piernas con un cinturón de manera que, fueran cual fueran las agonías por las que pasara, su cadáver se encontrara en una posición de extremo recato, con dichas extremidades colocadas adecuadamente. ¿Acaso una precaución como ésta no es digna de las cristianas Perpetua o de la vestal Cornelia? No plantearía una interrogación así si no fuera porque se viene afirmando, erróneamente, en función de nuestras costumbres de baño y otras nimiedades, que la castidad es desconocida para nosotros [23]. Al contrario, la castidad era una virtud preeminente de la mujer samurái, más importante que la vida misma.

Una mujer joven que ha sido hecha prisionera, al verse en peligro de ser violentada a manos de la ruda soldadesca, dice que obedecerá sus deseos si primero le permiten escribir unas líneas a sus hermanas, a las que la guerra ha dispersado. Cuando ha concluido

---

[23] Para una explicación muy sensata sobre la desnudez y el baño, véase la obra de Finck, *Lotos Time in Japan*, págs. 286-297.

la epístola, sale corriendo hacia el pozo más cercano y salva su honor ahogándose. La carta que ha dejado tras de sí termina con estos versos:

> Por miedo a que las nubes puedan atenuar su luz,
> y tener siquiera que rozar esta esfera de tinieblas,
> la joven luna suspendida en las alturas
> retoma el vuelo apresuradamente.

Sería injusto que diera a mis lectores la impresión de que sólo la masculinidad caracterizaba a nuestro ideal más elevado de mujer. ¡Ni mucho menos! Se requería de ellas las habilidades y las gracias más sutiles de la vida. No se descuidaba la música, la danza ni la literatura. Algunos de los versos más refinados de nuestra literatura eran expresiones de sentimientos femeninos; de hecho, la mujer desempeñó un papel importante en la historia de las *belles-lettres* japonesas. La danza se enseñaba —me refiero a las chicas samuráis, no a las *geishas*— sólo para proporcionar suavidad y fluidez a sus movimientos. La música era para regalar los oídos de sus padres y maridos durante momentos de descanso, de ahí que no se tratara de aprender la técnica, el arte en sí, puesto que el fin último era la purificación del corazón, ya que se decía que no se podía alcanzar armonía de sonidos si el corazón del músico no se hallaba en armonía consigo mismo. Vemos de nuevo aquí la idea predominante que ya destacamos en el entrenamiento de los jóvenes: que los logros siempre estaban subordinados a su valor moral. Se fomentaba la música y danza que sirviera para añadir gracia y brillo a la vida, pero nunca para promover la vanidad y la extravagancia. Simpatizo personalmente con el príncipe persa que, cuando le llevaron a una sala de baile en Londres y le pidieron que tomara parte en el entretenimiento, comentó sin rodeos que en su país se proveían de un determinado grupo de chicas para ocuparse de tales asuntos.

Las habilidades de nuestras mujeres no se adquirían para ser mostradas o para ascender socialmente. Su finalidad era la diversión hogareña; si se mostraban en fiestas sociales, formaban parte sólo de la función que había de ejercer la anfitriona; en otras palabras, de los recursos domésticos disponibles para favorecer la hospitalidad. El carácter de lo doméstico es lo que guiaba su educación. Se puede decir que los talentos de las mujeres del Japón tradicional, ya fueran marciales o pacíficos en su carácter, tenían como finalidad su aplicación en el hogar; y, por lejos que ellas viajaran, nunca perdían de vista el hogar como su centro vital. Por ello, trabajaban como esclavas y entregaban sus vidas por mantener el honor de dicho hogar. Noche y día, en tonos a la vez firmes y tiernos, valientes y lastimeros, cantaban a sus pequeños nidos. Como hija, la mujer se sacrificaba por su padre; como esposa, por su marido, y como madre, por su hijo. Por ello, desde su más temprana juventud se le enseñaba a negarse a sí misma. Su vida no se caracterizaba por la independencia, sino por el servicio dependiente. Compañera del hombre, si su presencia era útil se quedaba en escena con él; si obstaculizaba el trabajo de él, se retiraba detrás de las bambalinas. No era infrecuente que un joven se enamorara de una doncella que correspondiera a su amor con igual ardor, pero cuando la mujer se daba cuenta que el interés por él en ella le hacía al joven olvidar sus deberes, intentaba afearse para dejar de atraerle. Adzuma, la esposa ideal en las mentes de las muchachas samuráis, se ve amada por un hombre que está conspirando contra su marido. Bajo la excusa de unirse a él en el plan culpable, se las arregla para ponerse en el lugar de su marido en la oscuridad de la noche, y así la espada del amante asesino cae sobre su devota cabeza. La siguiente epístola, escrita por la esposa de un joven *daimio*, antes de quitarse la vida, no necesita de mayores comentarios:

> He oído que ningún accidente o casualidad estropea jamás la marcha de los acontecimientos aquí abajo y que todo se desarrolla de acuerdo con un plan. Tomar refugio bajo la misma rama o beber

del mismo río está también predestinado desde mucho tiempo antes de nuestro nacimiento. Desde que nos unimos en los lazos del eterno matrimonio, no hace aún dos cortos años, mi corazón te ha seguido, incluso como la sombra sigue a un objeto, inseparablemente unidos corazón con corazón, amando y siendo amados. Pero habiéndome enterado recientemente de que la próxima batalla ha de ser la última de tu trabajo y de tu vida, recibe el saludo de despedida de tu amada compañera. He oído que Kowu, el poderoso guerrero de la antigua China, perdió una batalla por no querer separarse de su favorita Gu. Yoshinakatan, valiente como era, también atrajo la desgracia a su causa por ser demasiado débil para despedirse de su esposa. ¿Por qué debería yo, a quien la tierra ya no ofrece esperanza ni alegría, por qué debería retenerte a ti o tus pensamientos, viviendo? ¿Por qué no debería, más bien, esperarte en el camino por el que todo ser mortal debe pasar alguna vez? Nunca, te lo ruego, nunca, olvides los muchos beneficios con los que nuestro buen señor Hidéyori te ha colmado. La gratitud que le debemos es tan profunda como el mar y tan alta como las montañas.

La entrega de la mujer por el bien del marido, el hogar y la familia eran tan voluntaria y honorable como la entrega del hombre por el bien de su señor y su país. La renuncia a sí mismo, sin la que no se puede resolver ningún enigma de la vida, era la clave de la lealtad del hombre, así como del carácter doméstico de la mujer. Ella no era más esclava del hombre que éste lo era de su señor, y el papel que ella desempeñaba era reconocido como *naijo*, «la ayuda interior». En la escala ascendente del servicio estaba la mujer, que se anulaba en favor del hombre, para que éste se pudiera anular en favor de su señor, con el fin de que, a su vez, éste pudiera obedecer al Cielo. Soy consciente de la debilidad de esta enseñanza y de que la superioridad del cristianismo no se manifiesta en ninguna otra parte más claramente que aquí, en que demanda de todos y cada uno de los seres vivos una responsabilidad directa para con su Creador. No obstante, en lo que respecta a la doctrina del servicio —es decir, el hecho de servir a una causa superior a uno mismo, incluso con el sacrificio de la propia individualidad—, que es la más grande que Cristo predicara y fue la base sagrada de Su misión, en lo que se refiere a ello, como digo, el bushido estaba fundamentado en una verdad eterna.

Mis lectores no me acusarán de tener prejuicios en favor de la sumisión esclavista de la voluntad. Acepto en gran medida el punto de vista avanzado y defendido con amplia sabiduría y profundidad de pensamiento por Hegel de que la historia es el desarrollo y la realización de la libertad. El punto que deseo destacar es que toda la enseñanza del bushido estaba tan profundamente imbuida del espíritu del sacrificio propio, que éste no sólo se exigía a la mujer, sino también al hombre. Por consiguiente, hasta que la influencia de sus preceptos no desaparezca completamente, nuestra sociedad no se dará cuenta del punto de vista precipitadamente expresado por un defensor norteamericano de los derechos de la mujer, que exclamó: «¡Que todas las hijas del Japón se rebelen contra las antiguas costumbres!» ¿Puede tener éxito tal rebelión? ¿Mejoraría el estatus de la mujer? ¿Compensarán los derechos que adquieran con tal proceso sumarial la pérdida de esa dulzura de disposición, esa disposición amable, esa dulzura en los modales que constituyen su presente herencia? ¿Acaso la pérdida de domesticidad de las mujeres romanas no vino seguida de una corrupción moral demasiado desagradable como para mencionarla aquí? ¿Puede el reformador norteamericano asegurarnos que una rebelión de nuestras hijas es el verdadero curso que ha de tomar su desarrollo histórico? Éstas son preguntas importantes. ¡Los cambios deben llegar y llegarán sin rebeliones! Mientras tanto, veamos si el estatus del bello sexo bajo el régimen del bushido era realmente tan malo como para justificar una rebelión.

Oímos mucho del aparente respeto que los caballeros europeos rendían a «Dios y a las damas», y la incongruencia de ambos términos hace enrojecer a Gibbon; también nos dice Hallam que la moralidad de la caballería era grosera, que la galantería implicaba el amor ilícito. El efecto de la caballería sobre el elemento más débil ha sido objeto de reflexión por parte de algunos filósofos, como M. Guizot, que argumentaba que el feudalismo y la caballería tenían influencias saludables, mientras que el señor Spencer nos dice que en una sociedad militarista (¿y qué es la sociedad feudal si no militarista?) la posición de la mujer es necesariamente inferior, mejorando su posición a medida que la sociedad se va tornando más industrial. Ahora bien, ¿cuál de estas teorías es cierta, la de M. Guizot o la del Spencer? A modo de respuesta, podría afirmar que ambas son correctas. La clase militar en Japón estaba restringida a los samuráis, que sumaban casi dos millones de almas. Por encima de ellos se encontraban los nobles militares, los *daimio,* y los nobles de la corte, los *kugé;* estos nobles superiores y sibaritas eran guerreros sólo nominalmente. Por debajo de ellos estaba la masa del pueblo, artesanos, comerciantes y campesinos, que dedicaban su vida a artes pacíficas. Por ello, lo que Herbert Spencer menciona como característico de un tipo de sociedad militarista se puede decir que ha estado restringido en exclusividad a la clase samurái, mientas que lo característico del tipo industrial de sociedad era aplicable a las clases situadas por encima y por debajo de ésta. La posición de la mujer ilustra perfectamente esto, ya que en ninguna otra clase experimentaba menos libertad que entre los samuráis. Resulta extraño decir que cuanto más baja era la clase social, como por ejemplo entre los artesanos, más igualitaria era la situación de marido y mujer. Entre la alta nobleza, la diferencia en las relaciones de los sexos también estaba menos marcada, fundamentalmente porque había menos ocasiones en las que poner de manifiesto las diferencias de sexo, puesto que el noble ocioso se había vuelto literalmente afeminado. Por tanto, la afirmación de Spencer se ilustra muy bien en el antiguo Japón. En lo que respecta a la de Guizot, aquellos que hayan leído su presentación sobre la comunidad feudal recordarán que mostraba una especial consideración por la alta nobleza, de forma que su generalización es aplicable a los *daimio* y a los *kugé*.

Contradiría la verdad histórica si emitiese una pobre opinión del estatus de la mujer en el bushido. No dudo en afirmar que no era tratada igual que el hombre; pero hasta que aprendamos a distinguir entre diferencias y desigualdades, habrá siempre malentendidos en esta materia.

Si pensamos en las escasas situaciones en que los hombres son iguales entre sí, por ejemplo, ante un tribunal de justicia o ante una urna electoral, parece una pérdida de tiempo complicarnos la vida discutiendo sobre la igualdad de sexos. Cuando en la Declaración Americana de Independencia se decía que todos los hombres habían sido creados iguales, no se hacía referencia alguna a sus talentos mentales o físicos; simplemente se repetía lo que Ulpiano había anunciado ya hacía mucho tiempo que todos los hombres son iguales ante la ley. Los derechos legales eran, en este caso, la medida para su igualdad. Si la ley fuera la única vara de medir la posición de la mujer en una comunidad, sería tan fácil afirmar dónde se encuentra como dar su peso en kilos y gramos. Pero la cuestión es: ¿hay un estándar correcto para comparar la posición social relativa de los sexos? ¿Es correcto, es suficiente comparar el estatus de una mujer con el del hombre, como el valor de la plata se compara con el del oro, y ofrecer como resultado una proporción numérica? Tal método de cálculo excluye de su consideración el valor más importante que posee un ser humano: el intrínseco. En vista de la múltiple variedad de requisitos para que cada sexo cumpla con su misión terrenal, el criterio que se adopte para medir su posición relativa debe poseer un carácter compuesto o, usando el lenguaje económico, ha de ser un criterio múltiple. El bushido tenía un criterio propio, y era binómico. Intentaba medir el valor de la mujer en el campo de batalla y en el hogar. Allí contaba muy poco; aquí lo era todo. El tratamiento que se le otorgaba se correspondía con esta doble medida: como unidad política y social, no mucho, mientras que como esposa y madre recibía el máximo respeto y el más profundo afecto. ¿Por qué entre un pueblo tan militar como el romano se veneraba tan profundamente a las mujeres? ¿No es porque eran *matronae*, madres? Los hombres se inclinaban ante ellas no como guerreras o legisladoras, sino como madres. Y así ocurre entre nosotros. Mientras que los padres y los maridos estaban ausentes del campo, el gobierno de la casa quedaba completamente en manos de las madres y esposas. Se les confiaba la educación de los jóvenes e incluso su protección. Los ejercicios marciales de las mujeres, de los que he hablado antes, estaban principalmente destinados a capacitarlas de forma inteligente para dirigir y seguir la educación de sus hijos.

He advertido que entre los extranjeros mal informados predomina una idea más bien superficial: una prueba de que a la mujer se la desprecia y se la tiene en baja estima es que la expresión común en japonés para referirse a la propia esposa es «mi rústica esposa», y otras semejantes. No tienen en cuenta que ellos habitualmente también usan frases como «el loco de mi padre», «el burro de mi hijo», «torpe de mí», etc. ¿Queda suficientemente aclarado?

A mí me parece que nuestra idea de unión conyugal va, en algunos aspectos, más allá de su equivalente cristiana. «Hombre y mujer han de ser una misma carne». El individualismo de los anglosajones no puede apartarse de la idea de que marido y mujer son dos personas, de ahí que cuando están en desacuerdo se reconozcan sus derechos por separado y cuando están de acuerdo agoten su vocabulario con montones de diminutivos absurdos y carantoñas sin sentido. Suena muy irracional a nuestros oídos cuando uno de los cónyuges habla a un tercero de su esposo o esposa —mejor o peor— diciendo que es encantador, brillante, amable, etc. ¿Es de buen gusto acaso hablar de uno mismo como «mi brillante yo» o cosas similares? Nosotros pensamos que alabar a la propia esposa es alabar una parte de nosotros, y esto se considera, como poco, de mal gusto entre nosotros (¡y espero que entre las naciones cristianas también!).

Me he extendido en esta digresión para explicar que la minusvaloración cortés del cónyuge era una costumbre muy en boga entre los samuráis.

Teniendo en cuenta que la raza teutónica comenzó su vida tribal con una supersticiosa admiración reverencial ante el bello sexo —¡aunque eso se está perdiendo hoy en día!—, y la vida social de los norteamericanos comenzó bajo la conciencia penosa de la escasez de mujeres [24] —cuyo número está aumentando ahora, aunque me temo que están perdiendo el prestigio del que disfrutaron sus madres coloniales—, el respeto que el hombre siente por la mujer se ha convertido en el principal criterio de moralidad de la civilización occidental. Pero en la ética militar del bushido, la principal línea divisoria entre el bien y el mal se buscaba en otra parte. Se situaba a lo largo de la línea del deber que unía al hombre con su propia alma divina y luego con las demás almas en las cinco relaciones que he mencionado al comienzo de esta obra. De ellas, he llamado la atención del lector sobre la lealtad, la relación entre un hombre como vasallo y otro como señor. Las restantes las he considerado sólo incidentalmente a medida que se iba presentando la ocasión, ya que no eran específicas del bushido. Al estar basadas en el afecto natural, no podían sino ser comunes a toda la humanidad, aunque en algunos aspectos se pueden haber acentuado por las enseñanzas del bushido. En este contexto me viene a la mente la especial fuerza y ternura de la amistad entre un hombre y otro, que a menudo añadía al lazo de la hermandad un romántico apego sin duda intensificado por la separación de los sexos en la juventud, una separación que negaba al afecto el canal natural abierto a él en la caballería occidental o en la relación libre de los países anglosajones. Podría llenar páginas y páginas con versiones japonesas de la historia de Damon

---

[24] Me refiero a esos días en que las chicas eran importadas de Inglaterra y dadas en matrimonio por unas cuantas libras de tabaco, etc.

y Pitias o de Aquiles y Patroclo, o hablando en el lenguaje del bushido, de lazos tan estrechos como los que unían a David y Jonatán.

No resulta sorprendente, sin embargo, que las virtudes y enseñanzas únicas de los preceptos de caballería no quedaran circunscritas a la clase militar. Esto nos lleva a considerar la influencia del bushido en el conjunto de la nación.

CAPÍTULO XV

LA INFLUENCIA DEL BUSHIDO

Hasta aquí hemos presentando solamente algunas de las cimas más altas de la cordillera de virtudes caballerescas, en sí mismas mucho más elevadas que el nivel general de nuestra vida civil. Al igual que el sol al amanecer ilumina primero los picos más altos proporcionándoles su tono rojizo y luego gradualmente proyecta sus rayos sobre el valle que hay debajo, así el sistema ético que iluminó primero el orden militar atrajo con el tiempo a seguidores procedentes de la ciudadanía. La democracia eleva a un príncipe natural a la posición de líder, y la aristocracia infunde un espíritu principesco entre la gente. Las virtudes no son menos contagiosas que los vicios. «Sólo se necesita un hombre sabio en una compañía y todos serán sabios, así de rápido es el contagio», dice Emerson. Ninguna clase o casta social puede resistirse al poder difusor de la influencia moral.

Podemos charlar tanto como queramos de la marcha triunfante de la libertad anglosajona, pero ésta apenas ha recibido el impulso de las masas. ¿No se debió más bien al trabajo de los terratenientes y *gentlemen*? Con gran acierto dice M. Taine: «Estas tres sílabas, como se usan al otro lado del canal, resumen la historia de la sociedad inglesa». La democracia, con su confianza en sí misma, puede responder a tal afirmación con la pregunta: «Cuando Adán cavaba y Eva hilaba, ¿dónde estaba el *gentleman*?» ¡Una verdadera pena que no hubiera un *gentleman* en el Edén! Los primeros padres lo echaron mucho de menos y pagaron cara su ausencia. Si hubiera estado allí, no sólo habría sido cultivado el jardín con más gusto, sino que también habrían aprendido ellos —sin pasar por ninguna dolorosa experiencia— que la desobediencia a Jehová equivalía a deslealtad y deshonor, traición y rebelión.

Lo que fue Japón se lo debía a los samuráis. No sólo eran la flor de la nación, sino también sus raíces. Todos los dones del Cielo fluyeron a través de ellos. Aunque se mantuvieran distantes socialmente del pueblo, establecieron un estándar moral para éste y lo guiaron gracias a su propio ejemplo. Admito que el bushido tenía sus enseñanzas esotéricas y exotéricas; éstas eran eudemónicas, y buscaban el bienestar y la felicidad de la comunidad; aquéllas eran aretaicas y enfatizaban la práctica de las virtudes por su propio bien.

En los tiempos más caballerescos de Europa, los caballeros representaban una pequeña fracción de la población, pero como Emerson dice: «En la literatura inglesa la mitad de las obras de teatro y todas las novelas, desde Sir Philip Sidney a Sir Walter Scott, describen esta figura *(gentleman)*». Sólo hay que escribir Chikamatsu y Bakin en lugar de Sidney y Scott, y obtendremos, ni más ni menos, los rasgos principales de la historia literaria de Japón.

Las innumerables formas de entretenimiento e instrucción popular —los teatros, las casetas de narradores de historias, los estrados de los predicadores, las recitaciones musicales, las novelas— tomaron como tema central las historias de los samuráis. Los campesinos, reunidos en torno a un fuego en sus cabañas, nunca se cansan de repetir las hazañas de Yoshitsuné y su fiel servidor Benkéi, o las de los dos valientes hermanos Soga; los morenos granujillas escuchan con la boca abierta hasta que arde el último leño y el fuego muere entre las brasas, dejando sus corazones aún incandescentes con el relato que se ha contado. Los oficinistas y los tenderos, después de terminar su día de trabajo y de cerrar los *amado*[25] de la tienda, se reúnen para contar historias de Nobunaga y Hidéyoshi hasta altas horas de la noche, hasta que sus agotados ojos no pueden aguantar más el sueño y se ven transportados desde el aburrimiento del mostrador hasta las hazañas del campo de batalla. Hasta a los más pequeños, que están empezando a andar, se les enseña a balbucear las aventuras de Momotaro, el osado conquistador del país de los ogros. Incluso a las niñas se les inculcaba el amor a las hazañas y virtudes caballerescas, y, como Desdémona, se mostrarían ávidas de escuchar romances de samuráis.

El samurái llegó a convertirse en el *beau ideal* de toda la raza. «Al igual que entre las flores la del cerezo es la reina, así entre los hombres el samurái es el señor», cantaba el pueblo. Dado que tenían prohibidas las actividades mercantiles, la clase militar no contribuía por sí misma al desarrollo del comercio; pero no había actividad humana ni vía de pensamiento que no recibiera en cierta medida un impulso del bushido. El Japón intelectual y moral era directa o indirectamente obra de la caballería.

El señor Mallock, en su provocadora obra *Aristocracy and Evolution*, nos cuenta con elocuencia que «la evolución social, en tanto es distinta de la biológica, puede ser definida como el resultado involuntario de las intenciones de grandes hombres»; es más, ese progreso histórico se produce gracias a un esfuerzo «generalmente no entre la comunidad, por vivir, sino entre una pequeña parte de la comunidad, por liderar, por dirigir, por emplear a la mayoría de la mejor manera». Convenza o no la consistencia de su argumento, estas afirmaciones se confirman totalmente en el papel desempeñado por los

---

[25] Contraventanas exteriores.

bushi en el progreso social —hasta donde haya llegado— en nuestro Imperio.

La expansión del espíritu del bushido a todas las clases sociales se muestra también en el desarrollo de una cierta clase de hombres conocidos como *otoko-daté*, los líderes naturales de la democracia: tipos firmes, rebosantes de fuerza y hombría por los cuatro costados. Eran al mismo tiempo portavoces y guardianes de los derechos del pueblo, y a cada uno de ellos lo seguían cientos, miles de almas que le ofrecían, de la misma manera que los samuráis lo hicieron con los *daimio*, el servicio voluntario de «miembros y vida, cuerpo, bienes y honor terrenal». Respaldados por una vasta multitud de impulsivos e impetuosos trabajadores, estos «jefes» natos ejercieron un formidable control del desenfreno en el orden de las dos espadas.

El bushido se ha filtrado de múltiples maneras desde la clase social donde se originó y ha actuado como levadura entre las masas, proporcionando a todo el pueblo un estándar moral. Los preceptos de la caballería, que comenzaron siendo al principio la gloria de la *élite*, se convirtieron con el tiempo en una aspiración e inspiración para la nación en su conjunto; y aunque el pueblo no podía alcanzar la altura moral de aquellas almas nobles, aun así, *Yamato Damashii*, el alma de Japón, llegó a expresar en última instancia el *Volksgeist** del Reino de las Islas. Si la religión no es más que la «moralidad tocada por la emoción», como Matthew Arnold la define, pocos sistemas éticos están más autorizados para alcanzar el rango de religión que el bushido. Motoöri ha puesto en palabras el espíritu mudo de la nación cuando canta:

> ¡Islas del bendito Japón!,
> si vuestro espíritu del Yamato
> quieren los extranjeros escudriñar,
> decid: «Perfumando el aire soleado de la mañana,
> se agita el cerezo silvestre y bello».

---

* «Espíritu del pueblo», en alemán. *(N. del T.)*

Sí, el *sakura*[26] ha sido durante mucho tiempo el árbol favorito de nuestro pueblo y el emblema de nuestro carácter. Tómese nota particularmente de los términos que usa el poeta cuando expresa que «la flor silvestre del cerezo perfuma el sol matutino».

El espíritu del Yamato no es una planta mansa y tierna, sino un brote silvestre, en el sentido de «natural»; es autóctono de este suelo; sus cualidades accidentales puede que sean comunes a las flores de otros países, pero en su esencia sigue siendo el resultado original y espontáneo de nuestro clima. No obstante, su carácter nativo no es lo único que motiva nuestro afecto. El refinamiento y la gracia de su belleza apelan a *nuestro* sentido estético como ninguna otra flor puede hacerlo. No podemos compartir la admiración de los europeos por las rosas, a las que les falta la simplicidad de nuestra flor. Además, las espinas que se ocultan bajo la dulzura de la rosa, la tenacidad con que se agarra a la vida, como si no le apeteciera o temiera morir más que caer prematuramente, prefiriendo pudrirse en su tallo; sus llamativos colores y fuerte fragancia: todos estos rasgos son tan distintos de nuestra flor, que no lleva dagas ni veneno bajo su belleza, que siempre está lista para despedirse de la vida, ante la llamada de la naturaleza; cuyos colores no son nunca espléndidos y cuya ligera fragancia nunca cansa. Su aspecto exterior ofrece una belleza de color y de forma limitada; posee una calidad existencial fija, mientras que su fragancia es volátil, etérea como un soplo de vida. Así, en todas las ceremonias religiosas el incienso y la mirra desempeñan un papel predominante. Hay algo espiritual en ese aroma. Cuando el delicioso perfume del *sakura* aviva el aire de la mañana, a medida que el sol asciende en su curso para iluminar las primeras islas del Lejano Oriente, pocas sensaciones son más serenamente tonificantes que inhalar, tal cual, el aliento primigenio de un hermoso día.

Si al mismo Creador se le representa tomando decisiones «en

---

[26] *Cerasus pseudo-cerasus*, Lindley.

Su corazón» tras percibir un dulce aroma (Génesis 8, 21), no es de extrañar que la perfumada estación en la que florece el cerezo saque a toda una nación de sus pequeñas moradas. No les culpemos si, por un tiempo, sus cuerpos olvidan las duras labores y sus corazones los dolores y tristezas. Una vez concluido el breve placer, volverán a sus tareas diarias con renovadas fuerzas y mayor decisión. Por esta razón, en más de un sentido, el *sakura* es la flor de la nación.

Esta flor, tan dulce y evanescente, que vuela hacia donde la lleve el viento y que exhalando un soplo de perfume se prepara para desaparecer para siempre, ¿es el tipo de espíritu que posee el Yamato? ¿Es el alma de Japón tan frágilmente mortal?

CAPÍTULO XVI

¿ESTÁ VIVO AÚN EL BUSHIDO?

¿Ha eliminado ya la civilización occidental, en su marcha a través de nuestra tierra, toda traza de nuestra antigua disciplina? Sería algo triste que el espíritu de una nación pudiera morir tan rápido. Sería un espíritu muy pobre si pudiera sucumbir tan fácilmente a influencias externas.

El conjunto de elementos psicológicos que constituyen el carácter de un pueblo es tan tenaz como los «irreductibles elementos de las especies, las aletas de los peces, los picos de las aves, los dientes de los animales carnívoros». En su reciente libro, lleno de afirmaciones superficiales y generalizaciones brillantes, M. LeBon [27] dice: «Los descubrimientos surgidos de la inteligencia son patrimonio común de la humanidad; las cualidades o los defectos de carácter constituyen el patrimonio exclusivo de cada pueblo: son la firme roca que las aguas han de lavar día tras día durante siglos antes de desgastar sus asperezas externas». Son palabras

---

[27] *The Psychology of Peoples*, pág. 33.

fuertes y merecería la pena reflexionar sobre ellas, siempre que se considere que existen cualidades y defectos de carácter que *constituyen el patrimonio exclusivo de cada pueblo*. Avances de estas teorías se han ido haciendo públicos mucho antes de que LeBon empezara a escribir su libro, y fueron rebatidos hace mucho tiempo por Theodor Waitz y Hugh Murray. Al estudiar las diferentes virtudes inculcadas por el bushido, hemos recurrido a fuentes europeas para compararlas e ilustrarlas, y hemos visto que ninguna cualidad de carácter es de su patrimonio *exclusivo*. Es cierto que las cualidades morales en su conjunto presentan un aspecto único. Es este conjunto al que Emerson denomina un «resultado compuesto en el que cada gran fuerza participa como ingrediente». Pero en lugar de hacerlo, como hace LeBon, patrimonio exclusivo de una raza o pueblo, el filósofo de Concord lo llama «elemento que une a las personas más enérgicas de cada país, las hace inteligibles y agradables entre sí y es algo tan preciso que se siente inmediatamente si a un individuo le falta el signo masónico».

El carácter que imprimió el bushido en nuestra nación, y en los samuráis en particular, no se puede decir que forme «un elemento irreductible de las especies», pero no cabe duda de la vitalidad que contiene. Si el bushido fuera una simple fuerza física, no podría detenerse tan abruptamente el impulso que ha cobrado en los últimos setecientos años. Si sólo se transmitiera por herencia, su influencia debería haberse extendido enormemente. Pensemos en las palabras de M. Cheysson, un economista francés, que ha calculado que suponiendo que hubiera tres generaciones en un siglo, «cada uno de nosotros tendría en sus venas la sangre de al menos veinte millones de las personas que vivieron en el año 1000 después de Cristo». El más simple campesino que ara la tierra, «inclinado por el peso de los siglos», tiene en sus venas la sangre de siglos y es por eso tan hermano nuestro como «del buey».

Como si se tratara de un poder inconsciente e irresistible, el bushido ha sido el motor de la nación y de los individuos. Así, Yoshida

Shōin, uno de los más brillantes pioneros del Japón moderno, escribió una estrofa con una honesta confesión sobre nuestra raza en la víspera de su ejecución:

> Bien sabía que este recorrido acabaría en la muerte;
> fue el espíritu del Yamato lo que me urgió
> a desafiar a cualquier cosa que pudiera ocurrir.

De forma tácita, el bushido era, y aún es, el espíritu animador, la fuerza motriz de nuestro país.

El señor Ransome afirma que «hay tres Japones distintos que conviven juntos hoy día: el viejo, que aún no ha muerto completamente; el nuevo, que apenas ha nacido, excepto en su espíritu, y el de transición, que está pasando ahora por su más crítica agonía». Aunque esto es muy cierto en la mayoría de los aspectos, y particularmente en lo que respecta a instituciones tangibles y concretas, tal afirmación, aplicada a nociones éticas fundamentales, requiere cierta rectificación, ya que el bushido, creador y criatura del viejo Japón, constituye aún el principio guía de la transición y será la fuerza formativa de la nueva era.

Los grandes estadistas que dirigieron la nave de nuestro Estado a través de los huracanes de la restauración y de los torbellinos del rejuvenecimiento nacional fueron hombres que no conocían otra enseñanza moral más que los preceptos de la caballería. Recientemente, algunos autores [28] han intentado demostrar que los misioneros cristianos hicieron una apreciable contribución a la construcción del nuevo Japón. Me encantaría rendir honor a quien se le debe; pero tal honor puede escasamente concederse a los buenos misioneros. Más adecuado sería para su profesión que se atuvieran al mandato bíblico de «preferir, en cuanto a honra, a otros antes que a uno mis-

---

[28] Speer: *Missions and Politics in Asia*, Lecture IV, págs. 189-192; Dennis: *Christian Missions and Social Progress*, vol. I, pág. 32, vol. II, 70, etc.

mo», que manifestar reivindicaciones sin pruebas que las respalden. En mi opinión, creo que los misioneros cristianos están haciendo grandes cosas por Japón: en el terreno de la educación y, especialmente, en el de la educación moral. Sólo que el misterioso, aunque no menos cierto, trabajo del espíritu está todavía oculto en el secreto divino. Hagan lo que hagan, posee todavía un efecto indirecto. No, hasta ahora las misiones cristianas han tenido un efecto poco visible en el modelado del carácter del nuevo Japón. Ha sido el bushido, puro y simple, el que nos ha impulsado en lo bueno y en lo malo. Si abrimos las biografías de los creadores del Japón moderno —la de Sakuma, la de Saigo, la de Okubo, la de Kido, por no mencionar las reminiscencias de hombres vivos como Ito, Okuma, Itagaki, etc.—, comprobaremos que ellos pensaban y trabajaban bajo el impulso del carácter samurái. El señor Henry Norman mencionó el motivo principal que ha hecho que el nuevo Japón sea como es, y que lo convertirá en lo que está destinado a ser, cuando declaró, tras su estudio y observación del Lejano Oriente, que el único aspecto en que Japón se diferenciaba de otros despotismos orientales residía en «la influencia reguladora entre su gente del código de honor más estricto, elevado y puntilloso que el hombre haya concebido nunca»[29].

La transformación de Japón es un hecho evidente para todo el mundo. En una labor de tal magnitud han intervenido, naturalmente, varias causas; pero si hubiera que citar una como la principal, uno no dudaría en mencionar al bushido. Cuando abrimos todo el país al comercio exterior, cuando introdujimos los últimos avances en cada apartado de la vida, cuando empezamos a estudiar la política y la ciencia occidentales, nuestro motivo principal no era el desarrollo de nuestros recursos físicos o el incremento de nuestra riqueza; y mucho menos la ciega imitación de las costumbres occidentales.

---

[29] *The Far East*, pág. 375.

Un atento observador de las instituciones y pueblos orientales ha escrito:

> Todos los días se nos habla de cuánto ha influido Europa sobre Japón, y se olvida que el cambio que ha tenido lugar en aquellas islas ha sido generado enteramente por ellas mismas, que los europeos no han enseñado a Japón, sino que Japón por sí mismo aprendió de Europa métodos de organización, civiles y militares, cuya efectividad se había demostrado hasta el momento. Importó la ciencia de la mecánica de Europa, de igual manera en que los turcos, años antes, habían importando la artillería europea. Eso no es exactamente influencia —continúa el señor Townsend—, a menos que se considere que Inglaterra sufre la influencia de China por comprar té en este país. ¿Dónde se encuentra el apóstol europeo —pregunta el autor— o el filósofo o el estadista o agitador que ha renovado el Japón?[30].

El señor Townsend ha percibido claramente que la fuente de acción que produjo los cambios en Japón se encuentra completamente dentro de nosotros mismos; y si tan sólo hubiera sondeado nuestra psicología, sus agudos poderes de observación le habrían convencido de que la fuente no fue otra que el bushido. El sentido del honor, que no puede soportar que le miren por encima del hombro como un poder inferior, fue el motivo más fuerte. Las consideraciones de tipo pecuniario o industrial surgieron más tarde en el proceso de transformación.

La influencia del bushido es aún tan palpable que «se puede leer de corrido»*. Un simple vistazo a la vida japonesa la pondrá de manifiesto. Leamos a Hearn, el intérprete más elocuente y verídico de la mente japonesa, y comprobaremos que el funcionamiento de esa

---

[30] Meredith Townsend, *Asia and Europe*, pág. 28.
* Biblia, Libro de Habacuc 2, 2. *(N. del T.)*

mente es un ejemplo del funcionamiento del bushido. La cortesía universal del pueblo, que constituye el legado de las formas caballerescas, es tan conocido que no hay que insistir más en ello. La resistencia física, la fortaleza y la valentía que el «pequeño japo» posee se demostraron ya suficientemente en la guerra chino-japonesa[31]. «¿Hay alguna nación más leal y patriótica?», se preguntan muchos; y hemos de agradecer a los preceptos de la caballería la orgullosa respuesta: «No, no la hay».

Por otro lado, parece justo reconocer que el bushido también es, en gran parte, responsable de las faltas y los defectos de nuestro carácter. Mientras que algunos de nuestros jóvenes han ganado ya reputación internacional en el terreno de la investigación científica, ninguno ha alcanzado nada en el ámbito filosófico. Nuestra falta de filosofía abstracta es fácilmente atribuible al rechazo del entrenamiento metafísico bajo el régimen educativo del bushido. Nuestro sentido del honor es responsable de nuestra exagerada sensibilidad y susceptibilidad; y si existe en nosotros el engreimiento del que algunos extranjeros nos acusan, eso también es el resultado patológico de tal sentido del honor.

Si usted ha viajado a Japón habrá podido ver a muchos jóvenes despeinados, vestidos con atuendos raídos, que llevan en la mano un gran bastón o un libro, acechando por las calles con un aire de absoluta indiferencia por las cosas mundanas. Se trata de los *shoéi* (estudiantes), para quienes la tierra es demasiado pequeña y los cielos no están lo suficientemente altos. Tienen sus propias teorías del universo y de la vida. Moran en castillos de aire y se alimentan de palabras etéreas de sabiduría. En sus ojos brilla el fuego de la ambición; sus mentes están sedientas de conocimiento. La miseria sólo es el estímulo que les impulsa hacia delante; los bienes mundanos son, en su opinión, grilletes para su carácter. Son los depositarios

---

[31] Entre otras obras sobre este tema, recomiendo leer a Eastlake y Yamada en *Heroic Japan*, y a Diosy, en *The New Far East*.

de la lealtad y el patriotismo. Son los autoimpuestos guardianes del honor nacional. Con todas sus virtudes y defectos, son lo último que queda del bushido.

Aun cuando el efecto del bushido está profundamente enraizado y es poderoso todavía, también he insistido en el hecho de que es una influencia inconsciente y silenciosa. El corazón del pueblo responde, sin saber por qué, a cualquier apelación que se haga a lo que ha heredado, y por consiguiente, la misma idea moral expresada en un término recién traducido, por un lado, o en un término propio del viejo bushido, por otro, posee un grado tremendamente distinto de eficacia. Un cristiano apóstata, a quien no había persuasión pastoral que pudiera alejarle de su decadencia religiosa, se apartó de tal camino debido a una apelación hecha a la lealtad y a la fidelidad que una vez había jurado a su Señor. La palabra «lealtad» revivió todos los nobles sentimientos que él había dejado enfriar. Un grupo de jóvenes indisciplinados, involucrados en una «huelga de estudiantes» de larga duración en una universidad, a causa de su descontento hacia cierto profesor, depusieron su actitud ante dos simples preguntas de su director: «¿Es vuestro profesor una buena persona? Si es así, deberíais respetarle y mantenerle en la facultad. ¿Es débil? Si es así, no es un acto de hombría empujar a un hombre que está cayendo». La cuestión sobre la incapacidad científica del profesor, que fue el comienzo del problema, perdió importancia hasta convertirse en insignificante en comparación con los temas morales que habían salido a relucir. El hecho de apelar a los sentimientos alimentados por el bushido puede llevar a cabo una renovación moral de enorme magnitud.

Una de las causas del fracaso de la labor misionera es que la mayoría de los misioneros ignora completamente nuestra historia. «¿Qué nos importan las historias paganas?», dicen algunos, y, por consiguiente, alejan su religión de los hábitos de pensamiento que nosotros y nuestros antepasados hemos mantenido durante siglos pasados. ¿Se mofan de la historia de una nación? Como si el camino seguido por cualquier pueblo, incluso por los salvajes africanos más primitivos, que no poseen tradición escrita alguna, no fuera una página de la historia general de la humanidad escrita por la mano del mismo Dios. Las razas perdidas son un palimpsesto que habrá de ser descifrado por ojos con capacidad de observación. Para una mente filosófica y pía, las razas mismas son señales de una quirografía divina claramente trazadas en blanco y negro sobre su piel; y si este símil se tiene por bueno, ¡la raza amarilla forma una preciosa página grabada en jeroglíficos dorados! Ignorando el pasado de un pueblo, los misioneros afirman que el cristianismo es una religión nueva, cuando, en mi opinión, se trata de una «historia vieja, vieja», que si se presenta con palabra inteligibles, es decir, si se expresa en un vocabulario familiar respecto al desarrollo moral de un pueblo, encontrará fácil alojamiento en sus corazones, independientemente de su raza o nacionalidad. El cristianismo, en su forma norteamericana o inglesa, con más caprichos y fantasías anglosajonas que gracia y pureza de su Fundador, es un pobre retoño para injertar en el tronco del bushido. ¿Debería acaso el propagador de la nueva fe arrancar todo el tronco, la raíz y las ramas, y plantar las semillas de los Evangelios sobre un terreno asolado? Un proceso que conlleva tal heroicidad puede ser posible en Hawai, donde, según se afirma, la Iglesia militante tuvo éxito absoluto a la hora de amasar riquezas y aniquilar a la raza aborigen, pero algo así es absolutamente imposible en Japón. Es más, es un proceso que el mismo Jesús jamás habría llevado a cabo para fundar Su reino en la Tierra.

Nos conviene tomarnos más a pecho las siguientes palabras de un hombre santo, devoto cristiano y profundo erudito:

> Los hombres han dividido el mundo en paganos y cristianos, sin considerar lo bueno que puede haber oculto en unos o lo malo que puede haberse mezclado con otros. Han comparado lo mejor de ellos mismos con lo peor de sus vecinos, el ideal de cristianismo con la corrupción de Grecia o de Oriente. No pretendían ser imparciales,

sino que se han contentado con acumular todo lo que pudiera decirse en alabanza de su propia creencia y en desprecio de las demás formas de religión [32].

No obstante, sea cual sea el error cometido por los individuos, no cabe duda de que el principio fundamental de la religión que ellos profesan es un poder que tenemos que tener en cuenta a la hora de considerar el futuro del bushido, cuyos días parecen estar contados. Hay en el aire señales ominosas que auguran su futuro. No sólo señales, sino fuerzas formidables que trabajan para amenazarlo.

---

[32] Jowett, *Sermons on Faith and Doctrine*, II.

CAPÍTULO XVII

EL FUTURO DEL BUSHIDO

Pocas comparaciones históricas pueden hacerse de forma más juiciosa que la establecida entre la caballería de Europa y el bushido de Japón, y, si la historia vuelve a repetirse, el destino de este último será el mismo que el del primero. Las causas particulares y locales para la decadencia de la caballería que St. Palaye aduce tienen, desde luego, poca aplicación a la situación de su correspondiente japonés. No obstante, las causas más amplias y generales que contribuyeron a minar el espíritu caballeresco y la caballería durante y después de la Edad Media también están ayudando al declive del bushido.

Una diferencia notable entre la experiencia de Europa y la de Japón es que mientras que en Europa, cuando la caballería quedó huérfana del feudalismo y fue adoptada por la Iglesia, obtuvo un nuevo aliciente en su vida, en Japón no había religión suficientemente importante que lo alimentara; por tanto, cuando la institución materna, el feudalismo, desapareció, el bushido, abandonado a su suerte, tuvo que valerse por sí mismo. La actual y elaborada organización militar podría tomarlo bajo su patronazgo, pero sabemos que la guerra moderna puede permitirse poco margen para su continuo crecimiento. El sintoísmo, que lo fomentó en su infancia, está, en sí mismo, anticuado. Los vetustos sabios de la antigua China están siendo suplantados por los advenedizos intelectuales del tipo de Bentham y Mill. Se han inventado y propuesto teorías morales más cómodas, que halagan las tendencias chovinistas de la época actual, y por ello se creen bien adaptadas a las necesidades actuales; pero hasta el momento sólo oímos el eco de sus estridentes voces, transmitidas por las columnas del periodismo amarillo.

Principados y potencias han tomado partido contra de los preceptos de la caballería. Como dice Veblen: «la decadencia del código ceremonial, o dicho de otra forma, la vulgarización de la vida entre las clases industriales propiamente dichas se ha convertido en una de las principales maldades de la civilización de este tiempo a los ojos de todas las personas de delicada sensibilidad». La irresistible marea de triunfante democracia, que no puede tolerar forma o tipo alguno de *trust* —y el bushido era un *trust* organizado por aquellos que monopolizaban la reserva de capital del intelecto y la cultura, fijando los grados y el valor de las cualidades morales—, es por sí sola suficientemente poderosa como para sepultar lo que aún queda del bushido. Las presentes fuerzas sociales son hostiles al mezquino espíritu de clase, y la caballería, como critica Freeman con severidad, es un espíritu de clase. Si la sociedad moderna pretende alcanzar algún tipo de unidad, no puede admitir «obligaciones puramente personales concebidas a partir de los intereses de una clase en exclusiva»[33]. Si añadimos a esto el progreso de la enseñanza pública, de las habilidades y hábitos industriales, de la riqueza y de la vida urbana, podremos ver fácilmente que ni los cortes más hábiles de la espada de un samurái ni las más

---

[33] *Norman Conquest*, vol. V, pág. 482.

afiladas flechas disparadas desde los arcos más audaces del bushido pueden ser de utilidad alguna. El Estado construido sobre la roca del Honor y fortificado por el mismo (¿lo hemos de llamar Ehrenstaat*, o tal y como dice Carlyle, *Heroarquía?*) está cayendo rápidamente en manos de abogados buscapleitos y políticos farfulleros armados con máquinas de guerra cargadas de una lógica absurda. Las palabras que usó un gran pensador al hablar de Teresa y Antígona pueden resultar adecuadas para referirse a los samuráis: «El medio en el que tomaron forma sus ardientes hazañas se ha ido para siempre».

¡Ay de las virtudes caballerescas! ¡Ay del orgullo samurái! La moralidad acomodada en el mundo con el sonido de clarines y tambores está destinada a desaparecer como «dejan este mundo los capitanes y los reyes».

Si la historia puede enseñarnos algo es que un Estado edificado sobre virtudes militares —ya sea una ciudad como Esparta o un imperio como Roma— nunca puede construir sobre la tierra una «ciudad permanente». Aunque el instinto de lucha del hombre sea universal y natural, y aunque haya demostrado de forma fructífera ser de nobles sentimientos y virtudes varoniles, no abarca al hombre en su totalidad. Debajo del instinto de lucha se esconde un instinto más divino: el del amor. Hemos visto que el sintoísmo, Mencio y Wan Yang Ming lo han enseñado con claridad; pero el bushido y otros tipos de ética militar, concentrados sin duda en cuestiones de necesidad práctica inmediata, olvidaban demasiado a menudo subrayar debidamente este hecho. La vida se ha dilatado durante los últimos tiempos. Vocaciones más nobles y generales que la del guerrero reclaman hoy nuestra atención. Con una visión ampliada de la vida, con el desarrollo de la democracia, con un mejor conocimiento de otros pueblos y naciones, la idea confuciana de benevolencia —¿me atrevo a añadir también el concepto budista de compasión?— se expandirá hasta encajar con la concepción cristiana

---

* «Estado del Honor», en alemán. *(N. del T.)*

del amor. Los hombres se han convertido en algo más que súbditos, ascendiendo al estado de ciudadanos; más que eso: son hombres. Aunque las nubes de la guerra penden amenazantes sobre nuestro horizonte, confiaremos en que las alas del ángel de la paz pueda dispersarlas. La historia del mundo confirma la profecía de que «los dóciles heredarán la tierra». Una nación que vende su derecho innato a la paz y se desliza hacia atrás desde la primera línea de la industrialización hacia las filas del filibusterismo, realiza realmente un pésimo negocio.

Cuando las condiciones de la sociedad cambian de tal manera que se vuelven no sólo adversas, sino hostiles hacia el bushido, a éste le ha llegado la hora de prepararse para un entierro digno. Es tan difícil señalar la hora de defunción de la caballería como determinar el momento exacto de su concepción. El doctor Miller dice que la caballería se abolió formalmente en el año 1559, cuando mataron a Enrique II de Francia en un torneo. Entre nosotros, el edicto que abolió formalmente el feudalismo en 1870 fue la señal para hacer sonar la campana de llamada a difuntos para el bushido. El edicto que prohibía llevar espadas, publicado cinco años después, marcó el fin de lo antiguo, «la incomparable gracia de la vida, la barata defensa de las naciones, la niñera del sentimiento varonil y la empresa heroica», y el comienzo de una nueva época de «sofistas, economistas y calculadores».

Se ha dicho que Japón ganó su última guerra con China gracias a los fusiles de Murata y los cañones de Krupp; se ha dicho que la victoria se debió a la labor de un moderno sistema educativo; pero eso no son más que medias verdades. ¿Acaso alguna vez un piano, aunque sea el producto más selecto de Ehrbar o Steinway, puede apresurarse a tocar las *Rapsodias* de Liszt o las *Sonatas* de Beethoven, prescindiendo de la mano de un maestro? Si las armas ganan batallas, ¿por qué Louis Napoleón, con su *Mitrailleuse*, no venció a los prusianos; o los españoles con sus Mausers a los filipinos, cuyas armas no eran más que antiguos Remingtons? No será necesario repetir lo que se ha convertido en un dicho trillado: que es el espíritu lo que impulsa, y sin él los mejores artilugios apenas sirven de nada. Los más avanzados fusiles y cañones no disparan por sí solos; el sistema educativo más moderno no convierte a un cobarde en un héroe. ¡No! Lo que hizo que se ganaran las batallas en el Yalu, en Corea y en Manchuria fue el espíritu de nuestros padres, guiando nuestras manos y latiendo en nuestros corazones. No están muertos aquellos espíritus, los espíritus de nuestros antepasados. Para aquellos que tienen ojos para ver, son claramente visibles. Escarbad un poco bajo la piel de un japonés que tenga las más avanzadas ideas y os toparéis con un samurái. La gran herencia del honor, del valor y de las virtudes marciales, tal y como expresa muy acertadamente el profesor Cramb, «no es sino nuestra en fideicomiso, el feudo inalienable de los muertos y de las generaciones que han de venir», y se emplaza al presente a guardar esta herencia y a no variar ni un ápice del antiguo espíritu; la obligación del futuro será tanto ampliar su alcance como aplicarlo en todas las clases y ámbitos sociales.

Se ha predicho, y tales predicciones se han corroborado a partir de los sucesos acaecidos en el último medio siglo, que el sistema moral del Japón feudal, al igual que sus castillos y armaduras, se reducirían a polvo y que surgiría, como el fénix, una ética nueva para guiar al nuevo Japón en su camino hacia el progreso. Tan deseable y probable como el cumplimiento de esa profecía es que no olvidemos que el fénix resurge sólo de sus propias cenizas y que no es un ave de paso ni vuela con alas prestadas de otras aves. «El reino de Dios está dentro de ti.» No baja rodando de las montañas, por muy majestuosas que sean, ni viene navegando por los mares, por muy anchos que sean. «Dios ha concedido —dice el Corán— a cada pueblo un profeta en su propia lengua.» Las semillas del Reino, tal y como las ha asumido y aprehendido la mente japonesa, florecieron en el bushido. Ahora sus días están llegando a su fin —resulta triste decirlo antes de que hayan fructificado completamente—, y nos giramos en otras direcciones buscando fuentes de dulzura y luz, de fuerza y confort, pero entre ellas aún no se ha hallado nada que ocupe su lugar. La filosofía de beneficio y pérdida de los utilitaristas y materialistas encuentra aceptación entre los sofistas de media alma. El único sistema ético, además del bushido, suficientemente poderoso para enfrentarse al utilitarismo y al materialismo es el cristianismo, en comparación con el cual el bushido, hay que confesarlo, es como «una mecha que apenas arde», y el Mesías fue proclamado no para apagarla, sino para aventarla hasta convertirla en llama. Al igual que sus precursores hebreos, los profetas —en especial Isaías, Jeremías, Amós y Habacuc—, también el bushido hacía particularmente hincapié en la conducta moral de los gobernantes y hombres públicos, y de las naciones, mientras que la ética de Cristo, que trata prácticamente sólo de los individuos y Sus seguidores personales, encontrará cada vez una mayor aplicación práctica a medida que el individualismo, en su calidad de elemento moral, vaya desarrollando su potencial. La moralidad de Nietzsche, dominante, autoasertiva, también llamada del «señor», que se aproxima en algunos aspectos al bushido, es, si no me equivoco, una fase pasajera o reacción temporal contra lo que él denomina, por medio de una morbosa distorsión, la humilde y abnegada «moral de esclavo» del Nazareno.

El cristianismo y el materialismo, incluido el utilitarismo —¿o los reducirá el futuro a formas más arcaicas aún de hebraísmo y helenismo?— se dividirán el mundo entre ellos. Otros sistemas morales inferiores se aliarán con el uno o con el otro para poder sobrevivir. ¿En qué lado se colocará el bushido? Al no tener un dogma o fórmula establecida para defender, puede permitirse desaparecer como entidad; al igual que la flor del cerezo, está dispuesto a morir con el primer soplo de la brisa matinal. No obstante, su destino no será nunca la extinción total. ¿Quién puede afirmar que el estoicismo ha muerto? Está muerto como sistema, pero vivo como virtud: su energía y vitalidad aún se sienten a través de muchos canales de la vida: en la filosofía de las naciones occidentales, en la jurisprudencia de todo el mundo civilizado. Es más, allí donde un hombre luche para elevarse por encima de sí mismo, allí donde su espíritu domine a su carne con su propio esfuerzo, veremos en acción la disciplina inmortal de Zeno.

El bushido puede desaparecer como código ético independiente, pero su poder no perecerá en la Tierra; sus escuelas de destreza marcial y honor cívico podrán ser demolidas, pero su luz y su gloria sobrevivirán durante mucho tiempo a sus ruinas. Al igual que su simbólica flor, después de desprenderse y volar a los cuatro vientos, aún bendecirá a la humanidad con un perfume con el que enriquecerá la vida. Mucho tiempo después, cuando sus costumbres se hayan enterrado y su nombre se haya olvidado, su olor vendrá flotando por el aire como si procediera de una colina lejana, invisible, «más allá de la mirada al borde del camino»[*]; entonces, como expresa en su bello lenguaje el poeta cuáquero:

> El viajero tiene una sensación agradecida
> de dulzura que se acerca, no sabe de dónde,
> y, deteniéndose, acepta con la frente desnuda
> la bendición del aire.

---

[*] Cita del poema *Snowbound*, de John Greenleaf Whittier. *(N. del T.)*

Otros títulos publicados

EL ARTE DE LA GUERRA
Sun Tzu

El arte de la guerra es el más reconocido tratado de estrategia militar de todos los tiempos. A pesar de haber sido escrito, presumiblemente, en el siglo V aC., ninguna de las ideas estipuladas por su autor, Sun Tzu, puede ser considerada arcaica o inaplicable en la actualidad, puesto que los trece capítulos que componen esta obra transmiten una sabiduría difícilmente superable.

EL LIBRO DE LOS 5 ANILLOS
Miyamoto Musashi

El libro de los cinco anillos ha sido considerado un tratado inigualable como estrategia para vencer. Los planteamientos de Musashi para derrotar al adversario, derribar al oponente, confundirlo y otras técnicas para sobreponerse ante un agresor fueron dirigidas a los lectores de aquellos tiempos, y en particular a quienes actuaban en el campo de batalla.

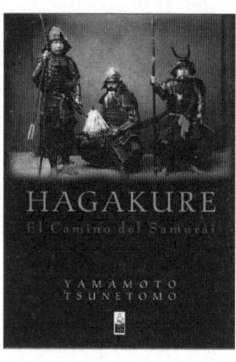

HAGAKURE
El camino del samurái
Yamamoto Tsunetomo

Hagakure se mantiene como una de las obras más sublimes y representativas de la cultura japonesa tradicional.

Otros títulos publicados

PENSAMIENTOS EXTRAORDINARIOS
Sabiduría para la vida diaria
Bruce Lee y John Little

Con más de 800 aforismos dedicados a más de 70 temas que abarcan desde la espiritualidad hasta la liberación personal, esta obra transmite las ideas en las que Bruce Lee basó su vida.

TAO TE CHING
Traducción rigurosa del chino antiguo
por William Scott Wilson
Lao Tzu y William Scott Wilson

El notable erudito y especialista en obras clásicas orientales William Scott Wilson presenta de manera rigurosa, y con importantes aportaciones que enriquecen la comprensión del texto, una nueva versión de esta obra clásica dirigida a sintonizar con el lector moderno.